中小学教师专业发展标准及指导

理　科

中小学教师专业发展标准及指导课题组　编著

北京师范大学出版集团
BEIJING NORMAL UNIVERSITY PUBLISHING GROUP
北京师范大学出版社

图书在版编目(CIP)数据

中小学教师专业发展标准及指导.理科/中小学教师专业发展标准及指导课题组编著.—北京：北京师范大学出版社，2012.9（2020.7重印）

ISBN 978-7-303-14775-5

Ⅰ.①中… Ⅱ.①中… Ⅲ.①理科（教育）-课程-教学研究-中小学 Ⅳ.①G633

中国版本图书馆CIP数据核字（2012）第125931号

出版发行：北京师范大学出版社 www.bnup.com
北京市西城区新街口外大街12-3号
邮政编码：100088

印　　刷：天津中印联印务有限公司
经　　销：全国新华书店
开　　本：730 mm × 980 mm　1/16
印　　张：9.75
字　　数：150千字
版　　次：2012年9月第1版
印　　次：2020年7月第6次印刷
定　　价：20.00元

策划编辑：路　娜　　　责任编辑：路　娜
美术编辑：高　霞　　　装帧设计：高　霞
责任校对：李　菡　　　责任印制：马　洁

版权所有 侵权必究

反盗版、侵权举报电话：010-58800697
北京读者服务部电话：010-58808104
外埠邮购电话：010-58808083
本书如有印装质量问题，请与印制管理部联系调换。
印制管理部电话：010-58805079

中小学教师专业发展标准及指导
丛书编委会

顾　　问　许　涛　叶茂林

马宪平　李　方　李海燕

主　　编　钟祖荣　李　晶

副 主 编　王远美　张　丹　方美玲　于晓雅

编　　委（按姓氏笔画为序）

于晓雅　王远美　王钦忠　王　漫　方美玲

方金秋　石　玚　白桂香　李　方　李　晶

李万峰　李春艳　李青梅　何妮妮　何彩霞

齐宪代　朱　慧　余　新　陈晓波　陈雁飞

张　丹　张金秀　张　芳　张莉娜　杨秀治

杨兆新　周　杰　钟祖荣　富殿山

本册主编　王钦忠

副 主 编　何彩霞

序

由北京教育学院组织，各方专业人士参与，研制《中小学教师专业发展标准及指导》，经过专家论证和反复修改即将出版，这是一件十分有价值的事情。

我参加了项目成果的评审论证会，与会的各位专家均对项目成果给予了积极的肯定，同时也补充了许多建设性意见，提供了许多思考的角度，有助于进一步深入研究并修改完善。我总地认为，该项成果意义重大，定位妥帖，特点突出。

首先，意义重大。该课题研究具有战略性的意义。为什么这么说呢？教育上要干的事很多，但是抓教师队伍建设始终是关键，2010 年国际教师节，联合国四大机构的负责人共同提出："复兴始于教师"。因此，对教师发展进行深入的理性的研究，促进教师科学发展，具有战略意义。北京教育学院能用十余年的时间坚守教师专业发展及其标准这样一个课题研究，表现出一种教育的自觉。在茅草屋底下的西南联大，出来那么多大师级人物，靠的是什么？导师！所以梅贻琦的外号叫"囤积教授的校长"。坚守教师专业发展的课题研究，确实具有深远的战略意义。

其次，定位妥帖。也就是定位科学、适度与适当。第一，定位在"教师专业发展"的标准，界定为在职教师的专业生涯领域，强调了职后的专业发展，强调了专业发展的阶段性与可持续性，这样就与教师资格标准有所区别、也与教师教育标准有所不同了。资格标准和教师教育标准主要涉及职前与入职，是做教师的基本要求；而教师专业发展标准恰好是前两者的延续、深化与补充。三个"标准"有机结合、相互衔接、功能互补，有助于形成我国教师专业化的标准体系。第二，定位在"业务指导性"上。有很多有关教师的素养、标准、目标，多是指令性的、规范性的，至于如何去操作，如何去实现，往往研究不够。但课题组的很多教师认真深入到学科教学当中去，真正在研究教育实践，研究教学实践中的问题和经验，所以能够对学科的特点、学科教学的特点以及学科教师的特点有较好的把握，在实践和理论相结合进行研究的基础上提出具体的指导建议，就很有针对性。所以，这个标准有利于教师自我发展，满足教师培训的需要。

最后，特点突出。主要包括以下几个特点：(1)引领性。现在我们的教师培训需要一个依据，教师自身的专业发展也需要一个依据。所以搞好一个标准，确实具有引领性。(2)发展性。从整体体例上看，纲、目都很清楚，但留有发展空间，不是死标准。给出空间，才能不断完善。(3)聚合性。这是一项综合性研究，牵涉到很多国家的研究成果，牵涉到很多理论问题和实践问题，又要兼顾很多现实情况。把这些东西综合在一起研究，体现了整体优化。(4)实用性。我们常说，中央已经连续不断地发文件强调培养创新人才。“连续不断发文”这也是当代中国教育的一个特点。我们现在拿出一个依据，至少在教师专业发展上可以在较长的时期起作用。(5)规范性。使教师专业发展方面更有章可循，减少随意性。

当然，也有些问题可以进一步研究，使标准更趋完善。

第一个问题，课题立足于“教师专业发展”，但是还没有摆脱教师资格标准的影子。因为教师资格分为初级、中级、高级。按照通常的教师专业发展，可以研究一下几类教师之间的相关性、同步发展的可能性有多大。例如，对于教师职业的热爱，入职阶段是否就只热爱一点，后来进入成熟阶段就更加热爱，到了专家阶段就人格完满、师德高尚了？十年左右教龄的教师常常会有职业倦怠，是不是发展的所有内容都是层次递进的？所以，我想发展与职级不一定直接相关。根据舒尔曼讲的7类教师专业发展知识，教师要掌握学科知识、一般教学法知识、学科教学知识、课程知识、学习者及其特点的知识、教育史、教育哲学，这样大分类后，每一个类里面可能又有层次。比如，德国制定的11类教师标准，也是按大类来分的，但每一类里面也有由浅入深的层次。欧盟制定的教师专业标准也是如此。将来可以继续研究：究竟哪个作为纲，哪个作为目。例如，以健全的人格和职业道德作为一个纲，我们可以分成不同层次，对教师就以不同层次进行评价。一位具体的教师，无论是哪一个级别，都要以层次进行评价。高级教师也不一定每一方面都是 A。也不一定老教师专业水平就最高，创新能力就最强，也许年轻人创新能力更强。所以要引导教师在自身基础上发展，使每个人向更高目标前进，而不是熬够年头才能达到高一级的标准。所以，作为专业发展的纲、目可以调整，而不是套用教师资格标准的纲目。这样可能有助于推动教师专业的发展。

第二个问题，是过程与结果的关系。注重过程很不错，但是应该更多地强调效果。按照 ISO 9000 的观念，有标准过程就有好的结果，但是教育专业发展实际不一定是这样的。怎样使过程与效果结合起来，不是教师想使学生得到发展，而是学生是否真的发展了。哥伦比亚大学前校长说，美国师范教育的失败是培养出来一批会教的教师，但是没有培养出来能把学生教会的教师。在信息化发展的时代，用标准化的过程不可能适应不同学生的发展需要，最终评价教师是学生的发展。我们一定要重视过程，但也要重视结果。

希望这项研究成果在实践中产生积极效应，并通过实践不断完善。

国家教育咨询委员
国家总督学顾问
联合国教科文组织协会世界联合会副主席

目　录

第一部分　前　言

教育大计，教师为本。高素质专业化的教师队伍是学生健康成长、学校持续改进、教育质量不断提升的关键因素和重要保障。提高教师质量的途径之一，是通过研制教师专业发展标准，来引导教师专业发展的方向、内容和评价。这是提高教师质量的国际经验和趋势。

北京教育学院承担的“北京市教师教育创新平台”，自2009年开始，成立了教师专业发展标准研究课题组，围绕职后中小学教师专业发展的标准及其具体内容和操作要点，开展了深入、系统的研究。经过相关文献分析、教师问卷调查、优秀教师访谈、问题集中研讨、初稿撰写起草、专家反复论证、不断修改完善的过程，形成了中小学教师专业发展标准的框架和具体内容，形成了分领域(学科)、分阶段、重操作的《中小学教师专业发展标准及指导》(以下简称《标准及指导》)。

一、研制目的

《标准及指导》研制的目的是服务于教师的发展。就服务的主体而言，它对中小学教师、学校领导、教师培训机构、教育行政部门都有具体的引领作用；就服务的内容而言，它可以用于诊断(反思)与规划、培养与培训、评估与管理等方面。本成果将主要用于中小学教师的自我发展指导和中小学教师培训指导，并在实践应用中加以检验和完善。

首先，为教师反思自身教学实践提供依据。教学反思是教师发展的内在机制。自身教学实践有什么优点和不足，教学水平达到什么程度，需要借助教师专业发展标准提供反思的框架，所以，教师发展标准有助于教师系统地反思。

其次，为教师制定专业发展目标和规划、自主学习与发展提供依据。制定教师发展规划，明确专业发展目标，是教师自主发展的有效方式。不同发展阶段的教师，其发展目标及其要求也是不同的。教师专业发展标准可以为教师制定规划提供参考。《标准与指导》还提供具体内容和操作的指导，这有助于教师参考指导要点，实现自主学习与发展，不断改进教育教学活动。

再次，为教师培训机构诊断教师需求、设计培训目标与课程提供依据。教师培训机构要有效促进教师发展，提高培训的针对性和实效性，必须准确把握教师需求，设计有针对性的培训目标与课程。不同层次培训的课程设计必须依据不同发展阶段教师的发展目标，而教师专业发展标准对此进行了设计。

最后，为管理部门评估教师发展水平提供依据。教师发展的过程性评估和终结性评估对教师本人和管理部门了解信息、激发动力、考核奖惩等都有帮助，而评估标准和指标体系的设计就要依据教师专业发展的标准。

总之，《标准及指导》具有很强的实践意义。当然，标准是针对一定时期一定区域的情况制定的，具有相对性，不是绝对不变的；标准反映的是教师发展的共性规律和要求，具有统一性，而教师个体之间也是有差异的。因此，标准是重要的参考依据，而不是绝对的。在实践和使用过程中，要重标准，不唯标准。

二、主要依据

教师专业发展标准，涉及素质结构如何划分、发展阶段及其任务如何确定、具体要求如何阐述等几个基本问题。这些问题的解决都需要有政策法规、理论研究、客观事实等方面的依据。课题组对这些方面进行了大量的学习、研究，为科学地解决这些问题奠定了比较坚实的基础。

1. 政策法规依据

改革开放以来，我国颁布了若干项关于教师的法律法规和政策，如《中华人民共和国教育法》《中华人民共和国教师法》《中华人民共和国义务教育法》《教师资格条例》《中小学教师职业道德规范》《国家中长期教育改革和发展规划纲要（2010—2020年）》等，其中最集中、最概括地表现于《中华人民共和国教师法》，该法对教师的定位、资格、权利、义务等作了明确的规定，而《中小学教师职业道德规范》(2008年修订)对教师的职业道德提出"爱国守法、爱岗敬业、关爱学生、教书育人、为人师表、终身学习"六项要求，这为研制教师专业标准提供了最重要的法规政策依据。

2010年颁布的《国家中长期教育改革和发展规划纲要(2010—2020年)》从我国"到2020年，基本实现教育现代化，基本形成学习型社会，进入人力资源强国行列"的战略目标出发，提出建设一支"师德高尚、业务精湛、结构合理、充满活力的高素质专业化教师队伍"的具体目标，并提出健全教师管理制度，制定教师资格标准等具体要求，《北京市中长期教育改革和发展规划纲要(2010—2020年)》中还提出了"研究制定教师专业发展标准，明确阶段性目标"的任务，这为制定教师专业发展标准也提供了新的政策依据。

2. 理论依据

制定教师专业标准是许多国家和地区促进教师发展的重要举措。本课题组对美国、英国、德国、法国、俄罗斯、新西兰、新加坡、越南、马来西亚及我国香港地区等建立的教师专业标准进行收集、学习和分析，了解其指导思想、结构和内容，从中寻找有益的借鉴。本课题组成员还多次参与华东师范大学组织的教育部"985"课题"中小幼教师专业标准研究"及比较研究，参与学术会议，了解前沿动态。从目前世界上许多国家和地区的教师专业标准来看，其风格各异。例如，英国"合格教师专业标准"是从"专业价值和承诺""专业知识与理解""教育教学实践"三方面进行表述。美国"爱达华州教师专业标准"把教师所应具备的素养分为十个方面，每个方面又从"专业意识、专业知识、专业能力"三个角度来表述。澳大利亚新南威尔士州、南澳州的"教师专业标准"也是按教师应具备的素养分为若干方面，每个方面又从"专业承诺、专业知识、专业实践"三个角度来表述。美国加州的教师专业标准则以教学活动为核心，由六类相关联的教学活动组成标准，每条标准下有若干要点，每个要点中又以"如何"和"为什么"两问，列出一个问题清单供教师思考。国际培训、绩效、教学标准委员会(IBSTPI)制订的"教师能力标准"分专业基础、教学计划与准备、教学方法与策略、评估与评价、教学管理5个能力维度，之下有18项能力及相应的绩效指标。

总体来讲，各国基本都依据"教师素质理论(包括教师知识理论)""教师专业发展理论""教师发展性评价理论""课程与教学理论"等制定教师专业标准。关于教师素质的理论，国外主要有两大理论流派：一是以美国卡耐基教学促进会主席舒尔曼(Lee S. Shulman，1986)为代表的“学科取向”的教师知识研究，把教师应具备的知识概括为学科内容知识、一般教学法知识、课程的知识、学科教学法知识、学生知识、教育环境的知识、教育宗旨与目的的知识。例如，美国国家专业教学标准的五条标准，主要是参照了“学科取向”的教师知识研究。二是以艾尔巴茨(Freema Elbaz，1981)及康纳利和克兰迪宁(F. Michael Connelly & D. Jean Clandinin，1985)为代表的“实践取向”的教师知识研究，强调教师实践中表现出来的具有个人性、默会性、情境性、实践性、综合性等特点的实践性知识。例如，英国“卓越教师专业标准”则更多地参照了“实践取向”的教师知识研究。国内学者林崇德、申继亮和辛涛教授对教师素质的构成进行研究，提出教师素质在结构上至少应包括五种成分，即职业理想、知识水平、教育观念、教学监控能力以及教学行为与策略。关于教师的知识又提出本体性知识、条件性知识、实践性知识的结构。陈向明等教授对教师的实践性知识进行了深入的研究。

关于教师发展阶段的理论，国内外观点较多。有福勒(France F. Fuller)的四个关注阶段理论、伯林纳(David C. Berliner)的教学专长五阶段理论、利思伍德(Kenneth A. Leithwood)的思维方式五阶段理论、休伯曼(A. Michael Huberman)的七阶段理论、费斯勒(Ralph Fessler)的八阶段生涯理论、邵宝祥的五阶段理论、钟祖荣与李晶的四阶段素质水平理论、叶澜等人的五阶段自我更新理论等。这些理论从不同的角度，对教师不同发展阶段的特征进行了描述和概括。这些为研制分阶段的教师专业标准提供了一定的理论基础。

课程与教学理论是教师专业标准研制的重要理论基础。特别是我国新课程改革的理念，均体现在专业实践的各标准中，诸如强调教学的三维目标，强调学生的自主、探究、合作学习方式，强调信息技术的运用以及与学科教学的有机整合，强调教学与学生的知识基础、生活经验、社会实际相联系，强调形成性、发展性评价，强调利用和开发课程资源等。研制过程中，课题组认真学习和研究了各学科的义务教育阶段课程标准(2011 年版)、高中课程标准，把握各学科的性质、功能，以课程标准的内容为依据提出教师专业发展的要求，又通过教师专业标准的要求，促进课程改革的落实和深入。此外，教学理论也为标准中教学活动部分的制定提供了理论上、结构上的依据。

3. 实践和事实依据

研制教师专业标准需要从实践视角，对教师群体的实际情况和特征进行分析研究，使标准的制定符合实际情况。一方面，我们对北京市中小学教师群体的特征进行调研，包括他们的工作、生活和专业素养状况的调查与分析；另一方面，对北京市中小学优秀教师的特征及发展阶段进行访谈、问卷等调查研究，发现他们的素质特征和成长规律。

培训实践基础。本课题组部分成员自20世纪80年代投入教师继续教育实践，20多年来专访各类教师、校长，研究大量教师成长个案，进行课堂教学观察，开展学生、家长、专家访谈，积累了大量教师专业发展的鲜活案例，较好地把握了中小学教师专业发展的状况和特点。

群体状况调研。北京教育学院组织课题组，开展了三次大规模的教师发展调研。2005年对北京市10个远郊区(县)做“教师专业发展水平调查与研究”，发放问卷10 000份，分析典型学校114所，按照“影响教师专业发展的内外部因素访谈提纲”访谈教师100名，出版专著《京郊中小学教师专业发展机制与对策研究》(2006)。2006年又进行“北京市中学各科教师专业发展水平调查与研究”，发放问卷10 000份，分析典型个案120例，分析典型学校150所，课堂观察560节课，获得大量反映北京市中小学教师专业发展现状的第一手材料，归纳提炼出当前北京市中小学教师专业发展中的主要问题。2009年受教育部师范司委托，我院课题组还对江苏、广东、吉林、北京、河北、湖北、云南、青海等12省市的教师队伍和教师培训进行问卷调查。

优秀教师特征访谈。北京教育学院在1998年对全国部分特级教师进行个案研究和问卷调研，对骨干教师的特征、成长规律进行分析研究，出版专著《骨干教师队伍建设研究》(2000)。2009年，课题组在研究中对北京市18位中小学不同学科的优秀教师进行深度访谈，提炼出优秀教师的基本素质。主要表现为以下五种特质：(1)动机。有对取得教育成果持续渴望、付诸行动的强烈动机。(2)特质。思维敏锐，能对情境或信息做出持续反应并作出决断。(3)自我概念。具有积极的态度、价值观及良好的自我印象。(4)学习能力。具有专业知识的敏感性和吸收与转化能力。(5)技巧。具有分析性思考和概念性思考的能力。

发展阶段调研。2009年，课题组还对12位不同学科不同地域不同阶段的教师就发展阶段进行访谈，又对194名北京市骨干教师进行发展阶段的问卷调查，获得大量数据和信息，并在调研基础上提出教师发展六阶段理论，具体提出六阶段的起止名称、时期名称、各阶段特征及发展任务，为我们划分发展阶段、描述发展标准中各阶段的发展任务提供重要的事实依据。

三、指导思想

1. 宗旨上，体现以学生发展为本的思想

教师专业发展的目的不是仅仅为了自己，而主要是为了学生，为了给国家社会培养有用人才。尊重学生、关心学生、爱护学生、促进学生健康成长，应该成为教师专业发展中最重要的素质。教学中，教师要从学生的学情出发，深入了解学生的知识基础、生活经验、困难障碍等；同时又要调动学生学习的积极性，发挥学生主体性，以促进全体学生的发展。《标准及指导》的专业实践部分主体名称为“促进学生的学习与发展”，是一个具体的表现。具体标准中也始终贯彻这一思想。

2. 内容上，体现时代性的要求

教师专业发展标准，是对教师素质与行为要求的规定。不同地区和时代的教师素质要求，既有共性，又有区别。共性就是要保持教师基本素质要求的稳定性，各个时代强调的共同素质要坚持、保持。区别就是要体现我国当代社会发展对教育、对教师的特殊要求。在《标准及指导》中，我们努力体现《国家中长期教育改革和发展规划纲要(2010—2020年)》中“育人为本、促进公平、提高质量”的要求，强调教师要落实素质教育的要求，强调培养全面发展、个性发展、可持续发展的人才培养要求，强调着力培养学生社会责任感、创新精神和实践能力的要求，也强调维护学生的身体和心理健康，加强安全教育的要求。

3. 结构上，坚持动静结合的思想

教师专业发展标准按照什么样的结构设计，是个重要的问题。如前所述，有两种思路，一种是按照教师素质的要素进行划分，一般分专业情意、专业知识、专业技能三方面，这种思路比较系统完整，内部逻辑性强，但静态性明显，与教师的教育教学实践结合得不紧，容易与教师的教育实践

脱节。另外一种是按照教师教育实践的逻辑进行设计，一般包括教学设计、教学实施、教学评价、教学反思等环节，这种思路综合性、实践性强，与教师的实践紧密结合，容易与教师的工作对接，但对教师的素质的规定线索不容易看出来，对教师的自我发展和教师培训的设计也有不利的地方。因此，《标准及指导》把专业基础与专业实践结合起来，取二者之长。当然，这种结合的方法也难免会出现一些交叉重复的现象，我们努力避免，注意从不同的角度进行阐述。

4. 层次上，体现分阶段的原则

终身学习是教师专业发展中最突出的特点。教师专业发展标准应该分阶段描述，体现不同阶段的不同要求，然后通过递进式培训、自主学习与实践等，帮助教师从低一级的发展阶段提升到高一级发展阶段，这样标准就更具有指导性。

我们的研究提出六阶段，这就是从新手教师到合格教师的适应期、从合格教师到熟练教师的熟练期、从熟练教师到成熟教师的成熟期、从成熟教师到骨干教师的发展期、从骨干教师到专家教师的创造前期、从专家教师到教育家的创造后期，每个阶段有不同的发展特点与发展任务①。从大多数教师的实际考虑，也考虑教师发展阶段的连续性及发展阶段评价的复杂程度和难度，在标准制定时分阶段不宜过细，所以，我们把一二期整合成一个阶段、把四五期整合成一个阶段，保留第三阶段，去掉第六阶段，这样就构成三个过程。即“新手到熟练”“熟练到成熟”“成熟到卓越”。

(1)从新手到熟练。“新手”指新任教师，他们有一定的理论知识，但缺乏教学实际技能；“熟练”指熟练教师，他们有熟练的教学技能，对学生比较了解，较好地把握学科知识结构，但缺乏对学科思想方法的深度把握，以及对学生差异的把握。该阶段的发展任务主要是：学会分析教材内容，并逐渐把握学科知识体系；从初步了解学生，逐渐系统深入了解学生特点；初步掌握科学的教育方法和有效的教学技能，并逐渐熟练化。

(2)从熟练到成熟。“熟练”指熟练教师，“成熟”指成熟教师，他们对学科思想方法，学生差异有一定的把握，教学技艺成熟，但还没有形成自己

---

① 钟祖荣：《〈易经〉乾卦的过程思想与教师发展阶段理论》，载《北京教育学院学报》，2011(3)。

的教学特色和风格。该阶段的发展任务主要是：研究学科的本质和思想方法，深入了解并应对学生的差异，教学方法多样化、艺术化。

(3)从成熟到卓越。“成熟”指成熟教师，“卓越”指省市级骨干教师、学科带头人乃至特级教师，他们已形成自己的教学经验、思想和风格。该阶段的发展任务主要是：开展教育教学研究、改革、实验，总结反思教学经验、思想和风格并努力使之系统化。

“从新手到熟练”和“从熟练到成熟”两个阶段侧重给出教师素质的修炼过程中的要求，给出内容要点、操作要点和案例；“从成熟到卓越”阶段重点体现优秀教师多年修炼的效果，集中表现于对学生发展、学校组织发展和学科发展所产生的实际影响和作出的贡献。

5. 学科上，坚持分领域的原则

课题组首先研究教师专业发展的总标准，即一般标准；然后以此为框架，结合学科、领域的特殊性进行研究，体现学科和领域的特点。《标准及指导》按照语文、数学、英语、理科、社会科、体育、艺术、信息技术、综合实践活动与技术类九个领域编制，解析不同领域教师专业发展的特点、重点和困惑点。分领域分学科的特点，集中体现在教师对各领域的专业知识、课程知识、教学设计等方面，体现出各自的特色。

6. 运用上，体现操作性的原则

教师专业发展标准是用于实践的，特别教师在制定专业发展规划、进行实践反思的过程中，要参考标准的要求。但标准的文字一般比较简明概括，其内涵如何理解，包含什么具体内容，如何操作，都需要比较具体的解释和说明。因此，我们没有停留在描述标准上，而是就标准的条文进行内容说明和操作要点的说明，以利于使用。

四、内容结构

1. 标准的四层结构

标准包括维度、关键表现领域、标准(条目)、结果指标四层。维度包括专业基础和专业实践两维度，专业基础是教师应该具备的师德素养、知识素养，强调的是素养、基础和静态的素质；专业实践是指教师的教育教学活动以及自我发展的实践(包括教学研究与专业发展)，强调的是实践活动、实践能力和动态的素质。关键表现领域是两维度内容的细分，共计 4 个表现领域，即健全人格与职业道德、学科与教育教学专业知识、促进学生的学习与发展、教育教学研究与专业发展。标准(条目)又是对关键表现领域的细分，是比较概括的素质和行为表现，是标准的主体内容，共计 20 条一般标准，这些标准(条目)的描述尽量直接表达含义和意义，比如“关爱学生，教书育人”“设计合理的教学方案”。结果指标是标准的进一步细化，是教师在特定发展阶段专业基础和专业实践的具体要求，一条标准既细化为若干具体的要求，又体现出程度上的差异。各学科、领域在结果指标的多少上有所差异，一般有 50 多条。

2. 指导的三项内容

为帮助教师理解和实践标准，发挥标准的作用，《标准及指导》强调“指导”的功能。指导是针对中小学教师而言的，是对中小学教师理解标准的指导、是对落实标准要求的行为指导、是对反思教学实践、规划自身发展的指导。指导包括内容要点、操作要点、举例说明。专业基础部分主要是内容要点，侧重在具体的条目的含义、要素、内容的解析上；而专业实践部分主要是操作要点，侧重在行为的指导上，诸如操作的程序、要求、策略。举例说明是对重点与难点的实例呈现和实例示范。

3. 三阶段递进结构

《标准及指导》强调发展性、阶段性，所以，无论是在标准框架与标准内容中，还是在指导要点部分，我们都按照三个阶段阐述。

三阶段结果指标的描述是有程度差异的。总体看，是呈现递进式的发展。这涉及教师专业发展的模式或规律问题，即教师的专业发展是否总是递进式，这是需要进一步深入研究的。根据目前的调查研究，我们认为，教师在不同的阶段有不同的任务、关注点和特点，这种关注点和任务的重心转移，反映递进的特点。当然，具体到每一位教师，就可能呈现出五彩缤纷的样式，从发展速度上说，有的素质可能发展很快，而有的素质可能发展缓慢，甚至长期处于平台水平；从发展水平看，有的素质可能能够达到很高水平，而有的素质只能达到较低水平；从人际差异看，可能有的整体素质发展水平高，有的部分素质发展水平高、部分素质发展水平低，有的可能整体素质发展水平不高。处于某个阶段的教师主要看本阶段的要求。

五、相关概念

在《标准及指导》中，涉及诸多概念，在指导要点中对其有具体的解释和说明，但有关学科与教育教学知识部分，有几个概念是通用的，故在前言部分加以解释。

1. 教师的学科知识

教师的学科知识，依据不同的组织方式划分，包括两类，一类是作为一门学科(discipline)的知识，是根据知识的逻辑体系组织的；另一类是学校教学中一门课程的知识(subject)，是基于学生学习心理而组织的知识体系。

作为一门学科的知识包括两个层次：低层为必要的基础知识和学科技能；上层为学科特有的视角、核心概念和方法。

作为一门课程的知识，包括对课程功能、性质等的认识，课标教材范围知识的体系、课标教材范围的知识、知识的组织与呈现方式以及上位的核心概念等。

2. 学科知识与技能体系

学科知识与技能体系，即我们平常所说的基础知识和基本技能的内容框架(包括组成部分和连接方式)。学科知识和技能体系是最基本的内容，是每位教师必须把握的，一般在课程标准中给出。

3. 学科知识与技能的层级结构

知识结构是指一个人经过专门学习培训后所拥有的知识体系的构成情况与结合方式。合理的学科知识结构是有层级的，具有“上、下位关系”。学科的知识层级结构如图 1-1 所示。

跨学科主题，是指不同学科、不同领域中共同存在的主题，比如循环主题，在地理、生物、历史等学科中均存在。

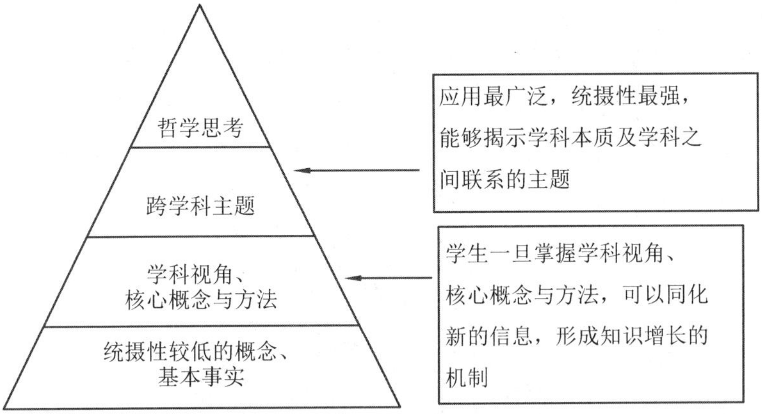

图 1-1　学科知识层级结构和作用示意图

核心概念(big idea)，实际上是学科中一些基本的、重要的观点和观念，某个学科的核心概念是在众多的事件、事实、现象的基础上归纳、推理出来的结论，是对同一类问题本质特征的概括①。通常是用一个命题、判断构成的。教学中让学生掌握这种核心概念，可以提高学生的概括水平、解释水平、应用迁移能力。有学者说："在构思科学教育的目标时，在知识方面不是用一堆事实和理论，而是用趋向于核心概念的一个进展过程。""这些核心概念及进展过程可以帮助学生理解与他们在校以及离开学校以后的生活有关的一些事件和现象。""许多知识领域都是这样的：构成一个知识领域，是因为具有核心的知识、技能和态度。"②2011 年版的义务教育课程标准，强调了教学中对核心概念的渗透。

4. 学科教学知识

学科教学知识(pedagogical content knowledge，简称 PCK)是舒尔曼 1986 年提出来的概念。他认为这种知识就是"对于一个人的学科领域中最一般的要教授的内容，表达那些概念的最有用的形式，最有效的比喻、说明、例子、解释以及演示——一句话，就是使人易于懂得该学科内容的表达和阐述方式"，它还包括"知道不同年龄和背景的学生在学习那些最经常

---

① California State Board of Education, *Science Education Framework*, 1998, pp. 28-32.

② [美]温·哈伦:《科学教育的原则和大概念》，第 2 页，韦钰译，北京，科学普及出版社，2011。

教授的课题时已具有的一些日常概念和先入之见，这些日常概念和先入之见会使具体内容的学习变得容易或困难”。这种知识是学科知识在教学应用中的转换形式，是特定的内容与教学法的整合或转换，是教师独特的知识领域，是他们专业理解的特殊形式，具有个体性、综合性、实践性、情景性。这种知识对教学的效果具有重要的影响。如图 1-2 所示。

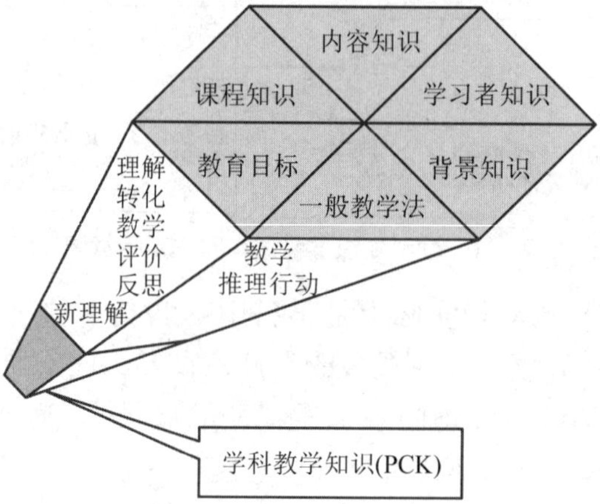

图 1-2　舒尔曼 PCK 结构图

1990 年格罗斯曼(Pamela L. Grossman)对 PCK 概念给予重要阐释，将 PCK 解析为以下四部分：①一门学科的统领性观点(关于学科性质的知识和最有学习价值的知识)；②学生对于特定学习内容易理解和误解的知识(学生理解能力的知识)；③特定学习内容在横向和纵向上组织和结构的知识(课程知识和教材知识)；④将特定学习内容呈现给不同学生的策略知识(知识的结构设计)。如图 1-3 所示。

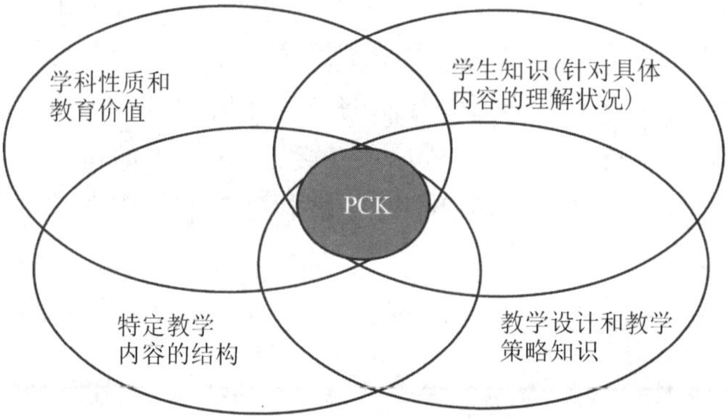

图 1-3　格罗斯曼 PCK 结构图

第二部分　理科教师专业发展标准

一、标准纲目

维度	领　域	标　准	结果指标		
			新手到熟练	熟练到成熟	成熟到卓越
2	4	20	70	69	52
维度一·专业基础	领域一 健全人格与职业道德	1. 爱岗敬业，履职尽责	4	4	4
		2. 关爱学生，教书育人	4	4	3
		3. 为人师表，严谨治学	2	2	2
		4. 热爱生活，身心健康	4	4	3
	领域二 学科与教育教学专业知识	5. 关于学科的知识	4	4	3
		6. 关于学生的知识	4	2	2
		7. 关于课程的知识	3	3	3
		8. 关于教学的知识及学科教学知识	3	3	2
		9. 科学与人文素养	3	3	3
维度二 专业实践	领域三 促进学生的学习与发展	10. 创设良好的学习环境	2	2	2
		11. 设计合理的教学方案	7	7	5
		12. 实施有效的教学活动	9	9	4
		13. 培养良好的学习习惯与指导学生学会学习	3	3	2
		14. 开展多元的学习评价	2	4	3
		15. 促进有效的课堂管理	3	2	1
		16. 渗透思想品德教育与生活技能教育	2	2	1
		17. 实施积极的安全教育与健康教育	4	4	1
	领域四 教育教学研究与专业发展	18. 教育教学反思与行动研究	3	3	4
		19. 团结协作与经验分享	2	2	2
		20. 终身学习与持续发展	2	2	2

二、标准框架

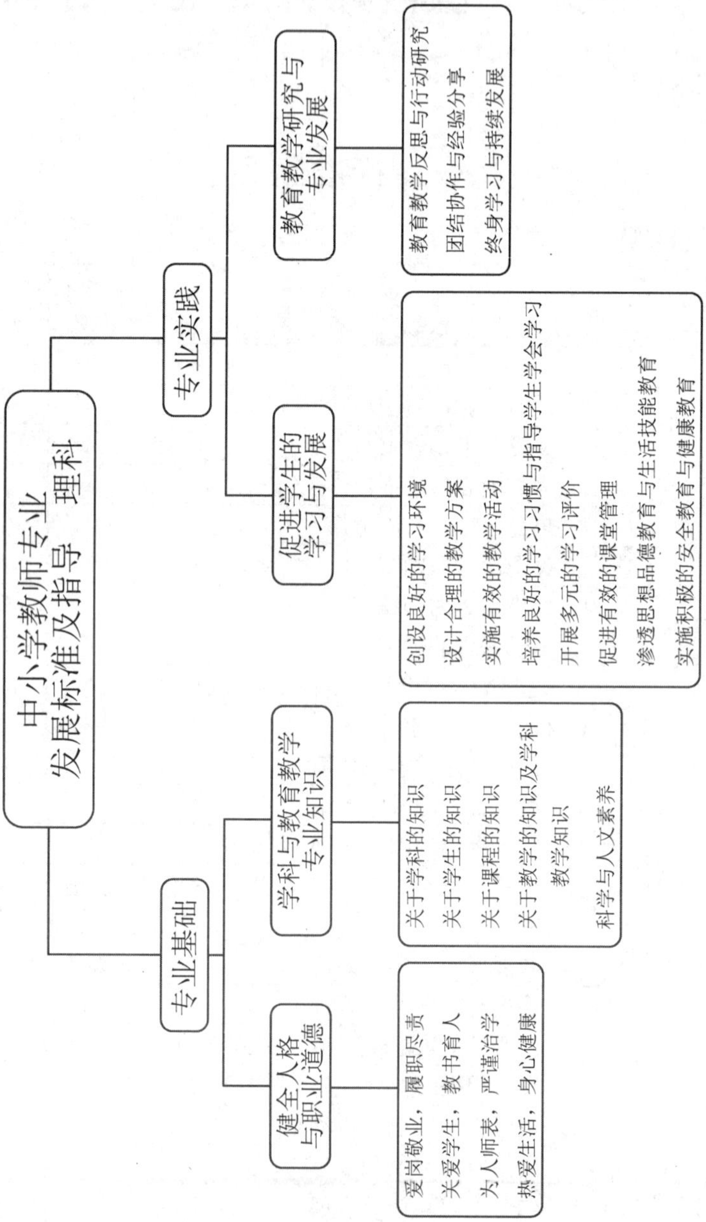
中小学教师专业发展标准及指导 理科
专业基础
健全人格与职业道德
爱岗敬业，履职尽责
关爱学生，教书育人
为人师表，严谨治学
热爱生活，身心健康
学科与教育教学专业知识
关于学科的知识
关于学生的知识
关于课程的知识
关于教学的知识及学科教学知识
科学与人文素养
专业实践
促进学生的学习与发展
创设良好的学习环境
设计合理的教学方案
实施有效的教学活动
培养良好的学习习惯与指导学生学会学习
开展多元的学习评价
促进有效的课堂管理
渗透思想品德教育与生活技能教育
实施积极的安全教育与健康教育
教育教学研究与专业发展
教育教学反思与行动研究
团结协作与经验分享
终身学习与持续发展

三、标准内容

维度一　专业基础

领域一　健全人格与职业道德

标　准	结 果 指 标		
	从新手到熟练	从熟练到成熟	从成熟到卓越
1. 爱岗敬业，履职尽责	1.1 愿意从事教师职业，喜欢理科教学工作。 1.2 熟悉并贯彻教育方针政策和遵守教育法律法规。 1.3 明确并履行教师职责。 1.4 有责任意识。	1.1 热爱理科教育事业。 1.2 严格贯彻教育方针政策和遵守教育法律法规。 1.3 认真履行教师职责。 1.4 具有很强的责任感。	1.1 挚爱教育事业，全身心致力于学生的发展和学习。 1.2 自觉遵守教育法律法规，自觉贯彻执行教育方针政策。 1.3 出色履行教师职责。 1.4 具有高度的责任感和奉献精神。
2. 关爱学生，教书育人	2.1 爱护学生，维护学生的合法权益。 2.2 平等公正地对待学生。 2.3 引导学生遵守学生守则，明辨是非。 2.4 树立促进学生全面可持续和个性化发展的意识。	2.1 关心和热爱每一位学生，做学生的良师益友。 2.2 平等公正地对待每一位学生，尊重学生人格。 2.3 引导学生树立正确的人生观和价值观。 2.4 具有促进学生全面可持续和个性化发展的意识和行动。	2.1 热爱并关注每一位学生，平等公正地对待每一位学生。 2.2 培养学生的健全人格，引导学生树立正确的人生观和价值观，能以行为诠释价值，成为学生健康成长的导师。 2.3 着眼于学生的素质提升、潜能发挥与可持续发展。

续表

标　准	结果指标		
	从新手到熟练	从熟练到成熟	从成熟到卓越
3. 为人师表，严谨治学	3.1 遵纪守法，尽职尽责。 3.2 积极学习，虚心求教，熟悉业务。	3.1 作风正派，公正廉洁，兢兢业业。 3.2 学风优良，刻苦钻研，改进教育教学方法，提高教育教学水平。	3.1 敬业垂范，诲人不倦。 3.2 遵守学术道德与规范，具有对教育问题的宏观把握和批判性思维，问题意识与创新意识强，积极探索教育教学规律。
4. 热爱生活，身心健康	4.1 积极锻炼身体，保持充沛的活力。 4.2 积极乐观，具有爱心、同情心和正义感。 4.3 能够正确对待困难和挫折。 4.4 具有良好的生活情趣，至少培养一种有益身心健康的兴趣爱好。	4.1 积极锻炼身体，增进身体健康，合理分配精力。 4.2 心态平和、善良宽容，具有爱心、同情心和正义感。 4.3 能够正确对待困难和挫折，善于自我调节。 4.4 具有良好的生活情趣，至少具有一种有益身心健康的兴趣爱好。	4.1 关爱自己的身体，积极锻炼，保持身体健康，合理分配精力。 4.2 积极向上，宽容豁达，乐享生活，具有高尚的情操和审美情趣。 4.3 能够正确且从容对待困难和挫折，善于自我调节。

领域二　学科与教育教学专业知识

标　准	结果指标		
	从新手到熟练	从熟练到成熟	从成熟到卓越
5. 关于学科的知识	5.1 掌握任教学科课程标准中明确规定的学科知识和学科技能，了解学科的知识体系和学生技能发展体系。 5.2 加强实验(实践)训练，不断提升实验(实践)能力。 5.3 勤于了解任教学科的发展简史和前沿成果，不断拓展学科视野。 5.4 勤于了解任教学科与其他学科以及 STS[①] 之间的联系，不断拓展科学视野。	5.1 掌握任教学科课程标准中的核心概念和学科方法，能够描述学科知识的层级结构。 5.2 具有较强的实验(实践)能力，善于发掘实验(实践)的教育价值。 5.3 熟悉任教学科的发展简史和前沿成果，并将其应用于学科教学。 5.4 熟悉任教学科与其他学科以及 STS 之间的联系，能够在相关内容的教学中进行渗透。	5.1 深刻领悟学科主题、观念与学科思想方法，能够整体把握学科的结构体系。 5.2 具有很强的实验(实践)意识，能够充分发挥其在学科教学中的作用。 5.3 整体把握任教学科知识的内在联系与外在联系，能够动态调整知识结构。

① STS 即科学(science)、技术(technology)、社会(society)的简称。

续表

标　准	结果指标		
	从新手到熟练	从熟练到成熟	从成熟到卓越
6. 关于学生的知识	6.1 了解有关学生发展的理论知识，关注学生的认知发展规律。 6.2 了解有关学习心理的理论知识，关注学生的学习过程。 6.3 了解影响学生学习理科的非智力因素，关注学生的学习积极性。 6.4 了解学生研究的内容和方法，关注学生的发展需求。	6.1 熟悉有关学生发展和学习心理的各种理论知识，能够恰当地用其指导学生的理科学习。 6.2 熟悉学生研究的内容和方法，合理把握学生的发展需求。	6.1 熟悉有关学生发展和学习心理的各种理论知识，积累了丰富、有效的理科教学策略和学习策略。 6.2 对学生研究的内容和方法有自己的理解和认识，能正确把握学生的发展需求。
7. 关于课程的知识	7.1 理解课程改革中提出的新理念，熟悉任教学科课程标准对课程性质、课程目标、课程内容以及课程实施建议等的规定。 7.2 熟悉任教学科教科书的内容、结构及编写思路，有整体把握教学内容的意识。 7.3 有使用实验、网络媒体、生活素材和其他教辅材料等课程资源辅助教学的意识。	7.1 整体把握任教学科的课程标准，并努力实践课程改革中倡导的价值与行为。 7.2 整体把握任教学科教科书的体系及内容，能够创造性地使用教科书。 7.3 能够开发和利用实验、网络媒体、生活素材和其他教辅材料等课程资源。	7.1 深谙课程改革的基本理念和本学科课程在学生发展中的意义，积极探索并解决课程改革实践中出现的问题。 7.2 能够设计和开发校本课程。 7.3 积极开发有关实验、网络媒体、生活素材和其他教辅材料等课程资源。

续表

标　准	结果指标		
	从新手到熟练	从熟练到成熟	从成熟到卓越
8. 关于教学的知识及学科教学知识	8.1 了解有关任教学科的教学理念、教学理论、教学原则和教学策略与方法。 8.2 了解有关任教学科的一般教学过程，能够根据实际情况对教学目标、教学内容、教学策略、教学媒体、教学评价等进行设计。 8.3 了解有关实验(实践)的教学方法，加强实验(实践)教学。	8.1 熟悉任教学科的教学论知识，并将其用于指导日常的教学。 8.2 熟悉有关任教学科的一般教学过程，能够根据实际情况对教学目标、教学内容、教学策略、教学媒体、教学评价等进行优化。 8.3 重视实验(实践)教学，提升实验(实践)教学能力。	8.1 精通任教学科的教学论知识，善于提炼、总结教学经验，形成特色的教学思想。 8.2 能够根据特定的教学内容和教学对象选择恰当的教学策略协助每一位学生学会知识。
9. 科学与人文素养	9.1 具有扎实的科学知识基础，形成较高的科学素养，能够运用自己的科学知识指导学生的学习。 9.2 广泛涉猎哲学、文学、历史等知识，提高人文素养，促进理科教学。 9.3 培养获取、处理和利用和教学有关信息的能力，提高信息素养。	9.1 熟悉科学研究的过程与方法，具有较高的科学素养，有培养学生科学素养的意识和行动。 9.2 具有积极向上、关爱他人的人文态度，形成一定的人文素养，有培养学生人文素养的意识和行动。 9.3 具有一定的信息素养，能够获取、处理和利用信息，满足教学需要。	9.1 熟悉科学技术对社会和个人产生的影响，形成很高的科学素养，能够自觉地培养学生的科学素养。 9.2 对教书育人具有强烈的责任感和使命感，形成较高的人文素养，能够自觉地培养学生的人文素养。 9.3 具有较高的信息素养，能够创造性地开发教学有用信息。

维度二　专业实践

领域三　促进学生的学习与发展

标　准	结果指标		
	从新手到熟练	从熟练到成熟	从成熟到卓越
10. 创设良好的学习环境	10.1 能够根据学科特点，选择安全、友善的物质环境。 10.2 能够建立良好的师生关系，营造融洽的学习氛围。	10.1 能够根据学科特点和学生特点，布置安全、友善的物质环境。 10.2 能够创建和谐、健康的人际环境，营造具有学科特点的学习氛围。	10.1 能够根据学科特点，创设能够满足学生学习需要的物质环境。 10.2 能够营造科学、严谨、求实、创新的理科学习氛围，让学生参与学习、独立思考、体验乐趣。
11. 设计合理的教学方案	11.1 掌握教学设计的基本方法。 11.2 在了解学科教材的基础上进行教学内容分析，明确具体内容的教学价值，能够确定教学重点，关注与教学内容相关的其他知识。 11.3 围绕教学内容进行有效的学情分析，能够确定学习难点，从学生已有的认知水平出发确定教学起点。	11.1 能够进行完整、规范的教学设计。 11.2 能够整体把握教材，善于挖掘教学内容的教学价值，能够提供教科书之外的学习资源。 11.3 能够根据学情分析，准确把握教学难点，从学生的问题出发展开教学。 11.4 能够基于课程标准、学习内容、学生情况等设计教学目标，并能进行准确表述。	11.1 从促进学生科学素养全面发展的高度，系统规划任教学科不同学段、不同单元、不同课时的教学目标。 11.2 根据学生认知发展规律，整体安排学段教学进程和创造性地设计教学单元，能够进行教学设计背后的学理分析。 11.3 善于挖掘教学内容的教育价值，潜心研究学生差异，能为学生提供丰富的学习资源，以促进学生理解。

续表

标准	结果指标		
	从新手到熟练	从熟练到成熟	从成熟到卓越
11. 设计合理的教学方案	11.4 合理确定和准确表述三维目标，特别是“过程与方法”目标。 11.5 紧扣教学目标，设计符合学生认知规律的教学流程，教学环节清晰、有效。 11.6 了解不同类型知识(事实性知识、概念性知识、原理性知识、技能性知识)的特点和学习策略，采取恰当的教学策略。 11.7 能够依据教学目标设计合理的评价内容和评价方式。	11.5 紧扣单元教学目标，设计符合学生认知规律的单元教学过程和教学活动。 11.6 熟悉不同类型知识(事实性知识、概念性知识、原理性知识、技能性知识)的特点和学习策略，能根据学生的认知发展水平采取恰当的教学策略，帮助学生学会知识。 11.7 能够依据教学目标设计多种形式的评价方案，关注学生的学习过程和结果。	11.4 深谙不同类型知识的学习策略，具有丰富、系统且有创造性的教学策略，在教学设计中运用智慧优化教学过程。 11.5 灵活应用多种评价方式提升学生的学习效果。
12. 实施有效的教学活动	12.1 教学语言准确、简洁、清晰。 12.2 能够规范、合理地使用板书、教具、多媒体和其他现代科技手段等辅助教学。 12.3 能够清楚、规范、有效地进行实验演示。	12.1 教学语言精炼生动，有亲和力，具有课堂应变能力。 12.2 能够适时、得当地应用板书、教具、多媒体和其他现代科技手段等辅助教学。 12.3 能够有效地引导学生观察和思考演示实验。	12.1 课堂教学富有激情，语言表达富有感染力，具有自己的教学特色。 12.2 具有果断的教学决策能力，能根据学生学习情况灵活调整教学的内容、顺序和方法。 12.3 高度关注学生的学习表现，敏锐捕捉教学中关键问题，灵活处理生成性问题。

续表

标　准	结果指标		
	从新手到熟练	从熟练到成熟	从成熟到卓越
12. 实施有效的教学活动	12.4 具有基本的课堂调控能力，保证大部分时间用于教学重点环节，完成预定的教学任务，并处理好预设与生成的关系。 12.5 合理地实施课堂提问并能够进行必要的追问。 12.6 注意观察学生的学习状态，倾听学生的发言，给学生表达困惑和想法的机会，对学生的表现及时反馈。 12.7 能够组织学生开展实验探究、小组合作学习等活动，具有一定的调控能力。 12.8 积极引导学生自主学习，体现学生学习的主体性。 12.9 重视复习课和习题课的教学。	12.4 能够针对教学重点、难点，根据学生的表现及时进行强化，根据学生学习情况有效调控教学内容和节奏。 12.5 掌握转引、提示、深化、转问、反问、回问和追问等高级提问技术，能够灵活、有效地运用课堂提问策略。 12.6 认真倾听，及时反馈，能调动学生积极进行教学互动。 12.7 能够组织有效的实验探究活动、小组合作学习等活动，并根据实际情况适时调控。 12.8 能够较为有效地引导学生自主学习，确保学生学习的主体地位。 12.9 有效开展复习课和习题课的教学。	12.4 关注学生个体差异，善于因材施教，进行分层指导。

续表

标准	结果指标		
	从新手到熟练	从熟练到成熟	从成熟到卓越
13. 培养良好的学习习惯与指导学生学会学习	13.1 认识到学习方法在理科学习中的重要性，注意培养学生的良好学习习惯。 13.2 了解自主、合作、探究等有效的理科学习方式，并能在教学过程中加以运用。 13.3 了解理科学习的特点，树立培养学生创新精神和实践能力的意识。	13.1 熟悉理科学习的多种策略和方法，重视培养学生良好的学习习惯。 13.2 熟悉自主、合作、探究等有效的理科学习方式，能够有效引导学生主动参与学习。 13.3 熟悉理科学习的特点，具有培养学生创新精神和实践能力的意识。	13.1 系统掌握理科学习的多种策略，能够结合教学和学生特点有计划地培养学生形成良好的学习习惯。 13.2 深谙理科学习的特点，注意培养学生的问题意识、创新思维能力和实践能力。
14. 开展多元的学习评价	14.1 具有引导学生参与评价的意识。 14.2 关注学生的学习效果。	14.1 灵活选择不同的评价工具和方式，设计表现性评价方案，实现过程性评价和结果性评价的有机结合。 14.2 通过学生自评、生生互评以及师生互评等方式实现评价主体多元。 14.3 能够选择和编制不同功能的题目，能够设计合理的学生作业，独立编制单元、期末考试试卷，并进行试卷分析。	14.1 在评价主体、内容、方式和结果上体现多元的思想，善于通过评价促进学生的发展。 14.2 积极研究新课程理念下的期中、期末、中考、高考等各种考试的命题和分析，具有丰富、有效的考试指导策略。 14.3 熟悉国外有关学生测试的命题与分析，并将其灵活地运用于自己的教学中。

续表

标准	结果指标		
	从新手到熟练	从熟练到成熟	从成熟到卓越
14. 开展多元的学习评价		14.4 能够有效利用评价结果对学生进行个别辅导或分层辅导，对教学进度和教学策略进行调整。	
15. 促进有效的课堂管理	15.1 能够维持正常的课堂教学秩序，完成教学任务。 15.2 合理调控课堂的时间与节奏。 15.3 合理调控教学内容的走向。	15.1 能够根据班级实际状况，运用有效的方法组织教学，顺利完成教学任务。 15.2 根据反馈信息灵活调整教学内容和进程。	15.1 善于运用科学而灵活的方法组织课堂教学，能够根据不同的课堂类型组织学生独立思考与自我学习等。
16. 渗透思想品德教育与生活技能教育	16.1 能够初步开展思想品德教育。 16.2 能够初步开展生活技能教育。	16.1 能够结合学科教学渗透思想品德教育。 16.2 能够结合学科教学渗透生活技能教育。	16.1 能够基于学科特点、内容和学生实际，主动采取恰当、多样、有效的方式渗透思想品德教育和生活技能教育。
17. 实施积极的安全教育与健康教育	17.1 能对学生进行必要的健康教育。 17.2 具有关注学生心理健康的意识。 17.3 能对学生进行必要的安全教育。	17.1 能对学生进行健康教育，关心学生的身体健康，鼓励学生积极锻炼身体。 17.2 掌握有关学生心理健康的知识和方法，关注学生的心理健康。	17.1 对学生的人身安全有高度的责任感，能积极开展以预防为主的安全教育、健康教育，为有需要的学生提供支持和帮助。

续表

标准	结果指标		
	从新手到熟练	从熟练到成熟	从成熟到卓越
17. 实施积极的安全教育和健康教育	17.4 对学生的人身安全富有责任感，能够采取合理的措施积极应对。	17.3 能对学生进行安全教育，引导学生树立自我保护的意识，提升自我保护的能力。 17.4 对学生的人身安全富有责任感，遇有突发事件时及时救助学生。	

领域四　教育教学研究与专业发展

标准	结果指标		
	从新手到熟练	从熟练到成熟	从成熟到卓越
18. 教育教学反思与行动研究	18.1 培养教学反思的习惯，及时总结教学经验。 18.2 具有问题意识，经常梳理教学中的问题，并尝试进行解决。 18.3 学习教育科研方法，尝试参与课题研究。	18.1 习惯于教学反思，能够聚焦教学中的问题，并以课例为载体进行深入研究。 18.2 尝试使用案例法、观察法、调查法、实验法和经验总结法开展教科研活动。 18.3 熟悉研究报告、学术论文等成果的呈现方法。	18.1 研究并积累各种类型的课例，在不断的反思中探索教育教学规律，形成独特的思想或教学风格。 18.2 深入研究学科教学中的某一领域，形成自己的教学特长。 18.3 能够独立或者带领其他教师开展课题研究活动。 18.4 能够在学术刊物上发表研究论文，使自己的研究成果具有更广泛的辐射作用。

续表

标准	结果指标		
	从新手到熟练	从熟练到成熟	从成熟到卓越
19. 团结协作与经验分享	19.1 具有团队合作意识。 19.2 积极参加教学研究活动，虚心求教。	19.1 具有通过合作解决教学问题的意识。 19.2 积极参加教学研究活动，善于发现和学习他人的优点，能够主动分享自己的经验。	19.1 乐意与他人合作，并能够在团队专业研修活动中发挥引领作用。 19.2 积极参与专业学会的研讨会议，并愿意与他人分享教学经验或研究成果。
20. 终身学习与持续发展	20.1 能够制定符合自身专业发展的职业生涯规划，树立正确的职业理想。 20.2 积极参加学习和进修，具有优化和提升自我专业素养的意识。	20.1 能够坚持自身的职业生涯发展规划，具有正确的职业理想。 20.2 积极参加校本研修和各类教师培训活动，注意在日常教学实践中提升自己的专业素养。	20.1 能够恪守职业生涯发展规划，强化专业发展的自主性，不断促进教书育人事业的向前发展。 20.2 根据需要不断学习，建构开放的、动态发展的知识结构。

第三部分　指导要点

一、从新手到熟练

维度一　专业基础

领域一　健全人格与职业道德

标　准	结果指标
1. 爱岗敬业，履职尽责	1.1　愿意从事教师职业，喜欢理科教学工作。 1.2　熟悉并贯彻教育方针政策和遵守教育法律法规。 1.3　明确并履行教师职责。 1.4　有责任意识。

1.1　愿意从事教师职业，喜欢理科教学工作。

【内容要点】

愿意从事教师职业，喜欢学生，喜欢任教学科，喜欢教学工作。

1.2　熟悉并贯彻教育方针政策和遵守教育法律法规。

【内容要点】

从进入教师队伍的第一天起，教师就要熟悉、贯彻国家教育方针政策，遵守教育法律法规，主要有：

《中华人民共和国教育法》，1995 年 9 月 1 日起施行。

《中华人民共和国义务教育法》，2006 年 6 月 29 日修订通过，9 月 1 日起施行。

《中华人民共和国教师法》，1994 年 1 月 1 日起施行。

《中华人民共和国未成年人保护法》，2006 年 12 月 29 日修订通过，2007 年 6 月 1 日起施行。

1.3 明确并履行教师职责。

【内容要点】

按照《中华人民共和国教师法》的要求，教师的身份为“履行教育教学职责的专业人员”，其总的职责可归结为教书育人。具体有下面几条：

(1)遵守宪法、法律和职业道德，为人师表。

(2)贯彻国家的教育方针，遵守规章制度，执行学校的教学计划，履行教师聘约，完成教育教学工作任务。

(3)对学生进行宪法所确定的基本原则的教育和爱国主义、民族团结的教育，法制教育以及思想品德、文化、科学技术教育，组织、带领学生开展有益的社会活动。

(4)关心、爱护全体学生，尊重学生人格，促进学生在品德、智力、体质等方面全面发展。

(5)制止有害于学生的行为或者其他侵犯学生合法权益的行为，批评和抵制有害于学生健康成长的现象。

(6)不断提高思想政治觉悟和教育教学业务水平。

1.4 有责任意识。

【内容要点】

首先，教师应该树立良好的职业道德，具有勇于负责，敢于负责的精神；其次，教师还应该有意识地培养学生的责任感，以身作则，强化学生的责任意识。

标　准	结果指标
2. 关爱学生，教书育人	2.1　爱护学生，维护学生的合法权益。 2.2　平等公正地对待学生。 2.3　引导学生遵守学生守则，明辨是非。 2.4　树立促进学生全面可持续和个性化发展的意识。

2.1 爱护学生，维护学生的合法权益。

【内容要点】

相对于教师和学校，中小学生属于弱势群体，教师除了依法执教之外，还要依法维护学生的合法权益，爱护每一位学生，不歧视、体罚学生。教师需要学习和利用相关法律，提高法律意识，并且培养学生的权利意识和自我保护意识。

2.2 平等公正地对待学生。

【内容要点】

在教育教学实践中，落实平等既是一个方法问题，也是一个认识问题。平等地对待学生意味着要一视同仁，正视学生的差异，尊重每个学生的人格；要因材施教，发挥每个学生的优势，促进每个学生健康地发展。

2.3 引导学生遵守学生守则，明辨是非。

【内容要点】

要成才先要成人，所以，教师有责任培养学生的规则意识，增强学生明辨是非的能力。比如：

(1)教师要在日常的教育活动和交往中，帮助学生完成从他律到自律的转化，提高学生自我教育的能力。

(2)教师要帮助学生了解并熟悉中小学学生守则，让学生在身边熟悉的事例中体会学生守则。

(3)教师要在平时的交往中帮助学生建立正确的是非观念。

(4)教师要通过主题班会或其他主题活动帮助学生明辨是非。

(5)教师要在日常的学科教学中对学生加以正确的引导。

(6)教师还要在交往中及时发现学生的错误并及时纠正错误。

2.4 树立促进学生全面可持续和个性化发展的意识。

【内容要点】

促进学生全面可持续和个性化发展是坚持科学发展观的重要体现。教师在教学工作中要落实科学发展观，坚持以人为本，就必须重视学生的全面发展，必须重视学生的个性化培养，必须注重学生的可持续发展，从而保证教育教学质量的提高。

标准	结果指标
3. 为人师表，严谨治学	3.1 遵纪守法，尽职尽责。 3.2 积极学习，虚心求教，熟悉业务。

3.1 遵纪守法，尽职尽责。

【内容要点】

这个发展阶段的教师要熟知教育法律法规的基本内容与要求，能以有关具体规范为准则，进行自我监督、自我约束。在完成所承担的学校各项工作任务中，能够尽职尽责，尽自己最大的努力做好各项工作，给学生树立良好的为人处世的榜样。

3.2 积极学习，虚心求教，熟悉业务。

【内容要点】

教师从事教育工作需要具备四个方面的知识，即教师的本体性知识、文化知识、实践性知识和条件性知识。具有丰富的学科知识只是“基本保证”，而不是唯一保证；教师丰富的文化知识，不仅能扩展学生的精神世界，而且能激发他们的求知欲；教师的实践性知识来自个人的教育教学实践，具有明显的经验性；教师的条件性知识是教师所具有的教育学与心理学知识。这些知识的获得离不开自己积极努力的学习，更离不开向专家和有经验的教师进行虚心求教，博采众长为我所用，从而促进自身业务素质的不断提高。

标　准	结果指标
4. 热爱生活，身心健康	4.1　积极锻炼身体，保持充沛的活力。 4.2　积极乐观，具有爱心、同情心和正义感。 4.3　能够正确对待困难和挫折。 4.4　具有良好的生活情趣，至少培养一种有益身心健康的兴趣爱好。

4.1 积极锻炼身体，保持充沛的活力。

【内容要点】

朝气蓬勃是青年教师的最大优势，但是“身体是革命的本钱”，青年教师不能毫无限制地牺牲身体健康，要有节制，更要积极进行体育锻炼，保持充沛的活力，才能更好地完成教学工作。因此，青年教师也要特别注意自身的健康状况：

(1)认识健康对人的生活和工作的意义，理解锻炼对健康的价值。

(2)养成定期体检和经常锻炼的习惯，保持合理的体重、充足的体力。

(3)坚持合理的作息制度，保持旺盛的精力。

4.2 积极乐观，具有爱心、同情心和正义感。

【内容要点】

(1)积极乐观

基本理解个人与他人、个人与集体、个人与社会以及个人与工作和生活的关系，常怀自律之心、感恩之心、奉献之心和平常之心；对未来充满希望，对自己较有信心，对他人心怀同情与感恩，对组织与事业比较认同。具有善良之心，初步形成职业认同感。

(2)爱心

拥有仁慈之心，善待弱小者。以对学生为例，爱心体现在尊重学生的人格，相信学生的发展潜力和成长的力量，平等地对待每一位学生，能够理解与宽容学生，关心与关爱学生；使学生能够在理智与情感交融的氛围中享受爱的滋养，实现快乐成长。

(3)同情心

对弱小者有所觉察、理解，并能够产生情感共鸣；能够给予弱小者帮助。同情和帮助弱小者，给学生示范同情心；关爱和帮助成长中的学生，让学生体验同情心；引导学生爱护与帮助弱小者，使学生固化同情心。

(4)正义感

具有追求正义、伸张正义的道德意识和道德情感；处理事情合情合理，为人正直正义；尊重和遵守制度、规则和程序；不伤害他人、不侵犯他人的基本权利；遇到不公平的事情敢于直言，主持正义；能够鄙视非正义的行为。

4.3 能够正确对待困难和挫折。

【内容要点】

作为人师，教师更要有足够的勇气面对生活和工作中的困难与挫折，关键时刻能够采取合理的措施进行处理。比如：

(1)能够理解困难与挫折乃是人生之常事，而且能够认识到，克服困难、经历挫折可以培养人的意志、勇气，锻炼人的能力。

(2)对待困难，能够寻找困难存在的主客观原因，厘清解决困难的思路，选择解决问题的方法，较好地解决困难。

(3)面对挫折，能够不怨天尤人，并具有较大的信心和勇气迎接挫折，朝着既定的目标，加倍努力；同时，具有一定宣泄方法，以摆脱工作和生活压力。

4.4　具有良好的生活情趣，至少培养一种有益身心健康的兴趣爱好。

【内容要点】

生活情趣对人的认识和活动会产生积极的影响，有利于提高工作的质量和效果。所以：

(1)教师要能够认识生活情趣的含义，理解良好的生活情趣对身心调节和对工作促进的价值。

(2)教师要至少培养一种有益身心健康的兴趣爱好，或者是打球、游泳、跑步、下棋、登山、散步等体育类活动；或者是唱歌、弹(拉)琴、绘画、吟诗、跳舞等艺术类活动；抑或是养花、喂鸟、钓鱼、摄影、旅游、会友、烹调生活类活动。

领域二　学科知识与教育教学知识

标　准	结果指标
5. 关于学科的知识	5.1　掌握任教学科课程标准中明确规定的学科知识和学科技能，了解学科的知识体系和学生技能发展体系。 5.2　加强实验(实践)训练，不断提升实验(实践)能力。 5.3　勤于了解任教学科的发展简史和前沿成果，不断拓展学科视野。 5.4　勤于了解任教学科与其他学科以及STS之间的联系，不断拓展科学视野。

5.1　掌握任教学科课程标准中明确规定的学科知识和学科技能，了解学科的知识体系和学生技能发展体系。

【内容要点】

学科知识体系和学生技能发展体系就是基础知识和基本技能的内容框

架(包括组成部分和连接方式)。“学科知识和技能体系”是最基本的内容，是每位教师必须把握的。在2011年版各学科课程标准中，“学科知识体系和学生技能发展体系”是以“内容标准”的形式进行呈现的。新课程改革之后，理科各学科的知识体系和学生技能发展体系的设计考虑到了学科知识的逻辑顺序、社会需求和学生的认知规律，内容采用将学科和社会二者融合的方式进行呈现。

【举例说明1】 小学科学“学科知识体系和学生技能发展体系”①

一级主题	二级主题
科学探究	认识科学探究；科学探究的要素。
情感态度价值观	对待科学学习；对待科学；对待自然；对待科学、技术和社会的关系。
生命世界	多样的生物；生命的共同特征；生物与环境；健康生活。
物质世界	物体与物质；运动与力；能量的表现形式。
地球与宇宙	地球的概貌与地球的物质；地球运动与所引起的变化；天空中的星体。

【举例说明2】 初中化学“学科知识体系和学生技能发展体系”

一级主题	二级主题
科学探究	增进对科学探究的理解；发展科学探究能力；学习基本的实验技能；完成基础的学生实验。
身边的化学物质	我们周围的空气；水与常见的溶液；金属与金属矿物；生活中常见的化合物。
物质构成的奥秘	化学物质的多样性；微粒构成物质；认识化学元素；物质组成的表示。
物质的化学变化	化学变化的基本特征；认识几种化学反应；质量守恒定律。
化学与社会发展	化学与能源和资源的利用；常见的化学合成材料；化学物质与健康；保护好我们的环境。

① 中华人民共和国教育部制定：《全日制义务教育科学(3～6年级)课程标准(实验稿)》，北京，北京师范大学出版社，2005。

【举例说明 3】　初中物理“学科知识体系和学生技能发展体系”

一级主题	二级主题
科学探究	科学探究要素；科学探究能力的基本要求。
物质	物质的形态和变化；物质的属性；物质的结构与物体的尺度；新材料及其应用。
运动和相互作用	多种多样的运动形式；机械运动和力；声和光；电和磁。
能量	能量、能量的转化和转移；机械能；内能；电磁能；能量守恒；能源与可持续发展。

【举例说明 4】　初中生物“学科知识体系和学生技能发展体系”

一级主题	二级主题
科学探究	理解科学探究；发展科学探究能力。
生物体的结构层次	细胞是生命活动的基本单位；细胞分裂、分化形成组织；多细胞生物体的结构层次。
生物与环境	生物的生存依赖一定的环境；生物与环境组成生态系统；生物圈是人类与其他生物的共同家园。
生物圈中的绿色植物	绿色开花植物的一生；绿色植物的生活需要水和无机盐；绿色植物的光合作用和呼吸作用；绿色植物对生物圈有重大作用。
生物圈中的人	人的食物来源于环境；人体生命活动的能量供给；人体代谢废物的排出；人体通过神经系统和内分泌系统调节生命活动；人是生物圈中的一员。
动物的运动和行为	动物的运动；动物的行为。
生物的生殖、发育与遗传	人的生殖和发育；动物的生殖和发育；植物的生殖；生物的遗传和变异。
生物的多样性	生物的多样性；生命的起源和生物进化。
生物技术	日常生活中的生物技术；现代生物技术。
健康地生活	健康地度过青春期；传染病和免疫；威胁人体健康的当代主要疾病；酗酒、吸烟和吸毒的危害；医药常识。

【举例说明5】 初中地理“学科知识体系和学生技能发展体系”

一级主题	二级主题
地球与地图	地球与地球仪；地图。
世界地理	海洋与陆地；气候；居民；地域发展差异；认识区域。
中国地理	疆域与人口；自然环境与自然资源；经济与文化；地域差异；认识区域。
乡土地理	

5.2 加强实验(实践)训练，不断提升实验(实践)能力。

【内容要点】

实验是理科的重要特征，作为理科教师不仅要喜欢实验，而且还要亲自动手操作实验、研究实验，不断提升自己的实验设计和操作能力，在教学过程中充分发挥实验的教育功能。特别是对于地理和生物学科的教师，还要加强实践训练，积极开展或参与观测、考察、调查和专题研究等实践活动，不断提升实践教学能力。

5.3 勤于了解任教学科的发展简史和前沿成果，不断拓展学科视野。

【内容要点】

理科新课程的培养目标是提高学生的科学素养，需要通过知识与技能、过程与方法、情感态度价值观三个方面来体现，但是仅仅依靠传授教科书内容是有局限性的。学科发展史和学科前沿成果具有故事性、时代性和新奇性，是课程内容的有益补充，也是提高学生科学素养的宝贵资源。教师在课堂教学中有意识地讲解有关学科发展的重要事件、重要人物，使用有关能源、材料、环境、生命等前沿领域的情景素材，不仅可以拓展学生的学科视野，而且还可以有效地帮助学生体验学科知识的形成过程，发展学生对学科、对国家、对社会以及对个人的情感态度和价值观。教师可以通过书籍、期刊、报纸、网络等渠道收集和学习相关资源。

5.4 勤于了解任教学科与其他学科以及STS之间的联系，不断拓展科学视野。

【内容要点】

物理、化学、生物、自然地理等都是自然科学的一部分，这些学科在知识和方法上都有着千丝万缕的联系。培养学生的科学素养单靠一门学科是无法实现的，需要教师在教学过程把任教学科与其他学科紧密联系起来，打破学科之间的界限，帮助学生整合科学知识，从而更好地提升学生的科学素养。

STS是科学(science)、技术(technology)、社会(society)的简称，STS教育强调理解科学、技术和社会三者的关系；重视科学、技术在社会生产、人们生活中的应用；重视科学的价值取向，要求人们在从事任何科学发现、技术发明创造时，都要考虑社会效果。在理科教学中紧密联系STS内容可以有效地拓展学生的学科视野，理解学科价值，提升学生利用学科知识解决实际问题的能力，进而提高学生的科学素养。

标　准	结 果 指 标
6. 关于学生的知识	6.1　了解有关学生发展的理论知识，关注学生的认知发展规律。 6.2　了解有关学习心理的理论知识，关注学生的学习过程。 6.3　了解影响学生学习理科的非智力因素，关注学生的学习积极性。 6.4　了解学生研究的内容和方法，关注学生的发展需求。

6.1　了解有关学生发展的理论知识，关注学生的认知发展规律。

【内容要点】

有关学生心理的知识主要有学生的认知发展、学生的情感和个性发展、学生的个体差异三个方面。主要理论有皮亚杰(Jean Piaget)的“认知发展理论”、维果茨基(Лев Семёнович Выготский)的“最近发展区理论”、埃里克森(Erik H. Erikson)的“社会化发展理论”、加德纳(Howard Gardner)的“多元智能理论”以及“学习风格理论”等。这些理论对于理科教学与学习具有现实指导意义。中小学理科教师应能从促进学生全面发展的角度，认真研究学生的身心发展状况，分析学生成长中的问题，把理科教学与学生的认知发展规律密切结合起来，从而提高课堂教学的针对性和实效性。

6.2　了解有关学习心理的理论知识，关注学生的学习过程。

【内容要点】

学习心理主要是涉及一般学习过程规律的理论，如条件作用、观察学习、信息加工和知识建构等；对各种学习结果及其过程进行研究，如概念获得、技能形成、问题解决、学习策略的学习心得以及品德与态度的形成等。主要的理论有：行为学习理论、认知学习理论、建构主义学习理论、人本主义学习理论和学习动机理论等。理科的知识内容涉及事实性知识、概念性知识、原理性知识、技能性知识、策略性知识和情意性知识，每种类型知识的学习所需要的策略和方法是不一样的，因此，研究学生对各种类型知识的学习效果至关重要。所以，作为理科教师要充分了解有关学习心理的相关知识。随着认知神经科学的发展，有关学习的脑机制问题日益受到人们的关注。为了更好地指导学生的理科学习，教师要积极了解理科学习与脑科学的关系。

6.3　了解影响学生学习理科的非智力因素，关注学生的学习积极性。

【内容要点】

非智力因素是指智力以外的对学习活动起着启动、导向、维持和强化作用的个性心理。根据非智力因素对心理活动的调节范围以及对学习活动直接作用的程度，可将非智力因素划分三个不同层次：第一层次，指学生的理想、信念、世界观，它属于高层次水平，对学习具有广泛的制约作用，对学习活动具有持久的影响；第二层次，主要是指个性心理品质，如需要、兴趣、动机、意志、情绪情感、性格与气质等，这些属于中间层次，它们对学习活动起着直接的影响，可以提升学生智力；第三层次，指学生的自制力、顽强性、荣誉感、学习热情、求知欲望和成就动机等，它们是与学习活动有直接联系的非智力因素，对学习产生具体的影响。这些因素充满活力，对学习的作用十分明显。

理科的知识内容具有逻辑性强和实践性强等特点，学生的非智力因素对学习效果有着很大的影响。因此，教师在教学过程中需要有意识地选择恰当的教学方式和教学策略激发学生的学习兴趣、满足学生的好奇心，充分发挥非智力因素在理科学习中的积极作用。

6.4　了解学生研究的内容和方法，关注学生的发展需求。

【内容要点】

学生是教学系统中的核心要素之一，学生的学习效果直接反映了教师的教学效果，因此，实施有效的教学活动，就要对学生进行深入的研究。

进行学生研究主要关注以下几个方面：(1)了解学生学习新课的知识基础和经验基础；(2)了解学生的学习风格、思维特点、兴趣、爱好等；(3)了解班级学习风气、学生的水平层次；(4)了解学生的家庭背景和生活环境等。

进行学生研究的方法很多，主要有：(1)通过访谈、问卷调查、批改作业等方法了解学生的学习需求、学习基础或者学习情况；(2)在课堂教学中，通过观察和提问了解学生的学习情况；(3)通过与其他学科教师交流来综合了解学生的学习特点和学习情况。

标 准	结果指标
7. 关于课程的知识	7.1 理解课程改革中提出的新理念，熟悉任教学科课程标准对课程性质、课程目标、课程内容以及课程实施建议等的规定。 7.2 熟悉任教学科教科书的内容、结构及编写思路，有整体把握教学内容的意识。 7.3 有使用实验、网络媒体、生活素材和其他教辅材料等课程资源辅助教学的意识。

7.1 理解课程改革中提出的新理念，熟悉任教学科课程标准对课程性质、课程目标、课程内容以及课程实施建议等的规定。

【内容要点】

理科课程改革的新理念以提高学生的科学素养为宗旨，强调课程要面向全体学生，促进每一位学生的发展；强调要面向生活、面向社会，紧密联系学生的实际情况；强调各学科之间的沟通与融合，渗透学科价值，重视实验教学；强调采用多样化的教学方式和学习方式，培养学生的学习能力、创新精神与实践能力；强调评价的诊断、激励和发展功能，促进学生的全面发展。

在各学科的课程标准中，对课程理念、课程性质、课程目标、课程内容和实施建议等作出了明确的规定和要求。

7.2 熟悉任教学科教科书的内容、结构及编写思路，有整体把握教学内容的意识。

【内容要点】

教科书是学科课程内容的物质载体，是学科课程资源的重要组成部分。

认真研读所使用的教科书，熟悉其内容、结构及编写思路，是处于本阶段中小学理科教师的首要任务。教师要有通读教科书的意识，借助通读教科书逐渐形成对课程内容的整体把握。通读的内容，还应该包括教科书编者撰写的教科书编写说明等资料，以便对所用教科书的整体编写思路有所了解。而通读的范围，则不应局限在自己所教的某一册教科书，要有意识地关注不同学段的教科书，关注学科内容的衔接。

7.3　有使用实验、网络媒体、生活素材和其他教辅材料等课程资源辅助教学的意识。

【内容要点】

新课程改革强调教师要利用实验、网络媒体、生活素材等多种形式的课程资源，以促进课程目标的有效达成。比如：

(1)力求做到每个学生都能动手进行实验，或者鼓励学生自主开展实验。

(2)根据自己的教学需要，自制或使用低成本的实验器材，或利用生活中常见用品或者废弃物制成简易的实验仪器。

(3)在教学中注意使用相关的生活和生产素材设置教学情景。

(4)在教学中充分利用网络资源和其他媒体资源，比如，图片、动画、视频、资料等资源。

标　准	结 果 指 标
8. 关于教学的知识及学科教学知识	8.1　了解有关任教学科的教学理念、教学理论、教学原则和教学策略与方法。 8.2　了解有关任教学科的一般教学过程，能够根据实际情况对教学目标、教学内容、教学策略、教学媒体、教学评价等进行设计。 8.3　了解有关实验(实践)的教学方法，加强实验实践教学。

8.1　了解有关任教学科的教学理念、教学理论、教学原则和教学策略与方法。

【内容要点】

理科领域的教学要贯彻“为了每一位学生的发展”这一核心理念，理科教学要突出科学探究，努力体现科学本质，让学生在参与的过程中去体验、感悟和建构；要加强 STS 教育，强化学科与科学、技术和社会之间的联系。

与其他学科一样，适用于理科的教学理论既具有一般性，也具有特性，主要的教学理论有：(1)人的发展理论，比如，苏联心理学家维果茨基的“最近发展区”理论、瑞士心理学家皮亚杰的认知发展理论；(2)辩证唯物主义认识论，比如，人的认识是从感性认识到理性认识和从理性认识到实践的过程；(3)自然科学方法论，比如，观察、实验、模型、假设、归纳、演绎、分析、综合、类比等方法；(4)现代教学理论，比如，杜威(John Dewey)的实用主义教学论、布鲁纳(Jerome S. Bruner)的认知结构教学论、奥苏伯尔(David P. Ausubel)的认知同化教学论、建构主义教学论、加德纳的多元智能理论等。

教学原则既指教师的教，也指学生的学，应贯穿于教学过程的各个方面和始终。它反映了人们对教学活动本质性特点和内在规律性的认识，是指导教学工作有效进行的指导性原理和行为准则。教学原则在教学活动中的正确和灵活运用，对提高教学质量和教学效率发挥着一种重要的保障性作用。比如，华中师范大学王后雄教授在《新理念化学教学论》中指出，化学教学的一般原则主要有：

(1)实验引导与启迪思维相结合原则。

(2)归纳共性与分析特性相结合原则。

(3)形式训练与情景思维相结合原则。

(4)年龄特征与学科术语相适应原则。

(5)科学精神与人文精神相结合原则。

(6)掌握知识与发展学生科学探究能力相结合原则。

教学策略是为实现某一教学目标而制定的、付诸教学过程实施的整体方案，它包括合理组织教学过程，选择具体的教学方法和材料，制定教师与学生所遵守的教学行为程序。

8.2　了解有关任教学科的一般教学过程，能够根据实际情况对教学目标、教学内容、教学策略、教学媒体、教学评价等进行设计。

【内容要点】

教学过程是一种特殊的认识过程，也是一个促进学生身心发展的过程。

在教学过程中，教师有目的、有计划地引导学生能动地进行认识活动，自主调节志趣和情感，循序渐进地掌握科学知识和基本技能，以促进学生的全面发展。教学过程主要包括制定教学目的、编拟教学过程、选择教学策略、组合教学手段、设计教学评价等。

教学目标是指教学活动实施的方向和预期达成的结果，是一切教学活动的出发点和最终归宿，它既与教育目的、培养目标相联系，又不同于教育目的和培养目标。

教学内容是学与教相互作用过程中有意传递的主要信息，一般包括课程标准、教材和课程等。

教学媒体是师生教学相互传递信息的工具、媒体或设备。

教学评价是依据教学目标对教学过程及结果进行价值判断并为教学决策服务的活动。教学评价是研究教师的“教”和学生的“学”的价值的过程。教学评价一般包括对教学过程中教师、学生、教学内容、教学方法手段、教学环境、教学管理诸因素的评价，但主要是对学生学习效果的评价和教师教学工作过程的评价。教学评价的两个核心环节：对教师教学工作(教学设计、组织、实施等)的评价——教师教学评估(课堂、课外)；对学生学习效果的评价 ——即考试与测验。评价的方法主要有量化评价和质性评价。

8.3 了解有关实验(实践)的教学方法，加强实验(实践)教学。

【内容要点】

学科实验(实践)对于培养学生的学科思维和实验技能，激发学生的好奇心和求知欲，发展学生的创新精神和实践能力有着不可替代的作用，教师要重视实验(实践)教学，勤于了解有关的教学方法，借鉴他人的教学经验。加强实验(实践)教学可以参照以下几点：

(1)教师事前做充分准备，进行先行实验，对仪器设备、实验材料要仔细检查，以保证实验的效果和安全；设计合理的实验(实践)活动方案，保证活动顺利开展。

(2)不要让学生急于动手实验，要引导学生先了解实验的目的和要求、实验原理、仪器设备安装使用的方法、实验的操作过程等，必要时进行示范或者设计系列问题引导学生，或者考查学生对实验的方案的设计等，保证学生在实验时既动手又动脑。

(3)对于分组合作实验，要求学生设计合理的任务分配，尽可能使每个学生都亲自动手，亲自体验，培养学生的实践精神。

(4)在实验进行过程中，教师要巡视指导，及时发现和纠正问题，并进行科学态度和方法的教育；督促学生注意观察实验，收集实验证据。

(5)实验结束后，要让学生汇报实验观察记录或者实验结果，或者对实验结论的一些解释，培养学生的实验分析能力和表达能力。

标　准	结果指标
9. 科学与人文素养	9.1　具有扎实的科学知识基础，形成较高的科学素养，能够运用自己的科学知识指导学生的学习。 9.2　广泛涉猎哲学、文学、历史等知识，提高人文素养，促进理科教学。 9.3　培养获取、处理和利用和教学有关信息的能力，提高信息素养。

9.1　具有扎实的科学知识基础，形成较高的科学素养，能够运用自己的科学知识指导学生的学习。

【内容要点】

科学素养主要指必要的科学知识、科学过程与方法、科学的态度与价值观，以及运用科学知识和方法解决问题的意识和能力。作为理科教师，其学科视野不应该仅仅局限于任教学科的课程范围。为了提高学生的科学素养，教师首先应该提升自身的科学素养。积累足量的科学知识是提升科学观念的前提和基础，有了这个前提和基础才能更好地把任教学科的知识和方法与其他学科融会贯通起来，才能引导学生更好地利用科学观念解决实际问题。

9.2　广泛涉猎哲学、文学、历史等知识，提高人文素养，促进理科教学。

【内容要点】

完成理科教学不仅需要较高的科学素养，也需要一定的人文素养，特别是引导学生在情感、态度、价值观等方面得到发展更需要较高的人文素养。人文素养包括人文知识、人文态度和人文精神三个方面，教师的人文素养就是教师所具有的人文精神以及在教师的日常活动中体现出来的思想、道德、情感、心理、性格、思维模式等方面的气质和修养。人文知识是形成人文素养的基础，涉及哲学、文学、历史、艺术等领域的知识，理科教师要广泛的阅读和学习，积淀深厚的人文知识，为发展人文态度和人文精神打下基础。

9.3 培养获取、处理和利用和教学有关信息的能力，提高信息素养。

【内容要点】

信息素养是指对信息资源的获取、加工、处理以及信息工具的掌握和使用等的能力，是科学素养和人文素养的拓展和延伸。当今社会是一个信息的时代，大量的科技信息近乎爆炸似的增长，作为教师需要具备良好的信息处理能力来设计教学，充分利用各种教学资源，满足学生发展的需要，这也是科学素养和人文素养较高的一种体现。

维度二 专业实践

领域三 促进学生的学习与发展

标 准	结果指标
10. 创设良好的学习环境	10.1 能够根据学科特点，选择安全、友善的物质环境。 10.2 能够建立良好的师生关系，营造融洽的学习氛围。

10.1 能够根据学科特点，选择安全、友善的物质环境。

【操作要点】

安全、友善的物质环境是学生安心学习、健康成长的重要保障。这里的物质环境主要是指教室或实验室环境，具体包括设施的安全、实验仪器的安全、教学活动的安全和意外伤害的预防等。

10.2 能够建立良好的师生关系，营造融洽的学习氛围。

【操作要点】

在课堂教学中，教学过程应尽可能满足学生的求知需求，在师生间形成和谐、民主、平等的关系，使学生产生满意、愉快、合作、互动和互助等积极的情感状态，促进师生间的感情交流和信息传递，从而取得最佳的教学效果。所以，教师要做到：

(1)关心、鼓励和信赖每一位学生，建立良好的师生关系。

(2)发扬民主作风，给予每位学生平等参与的机会。

(3)尊重和欣赏学生的个性。

(4)鼓励学生之间团结互助，互相尊重，建立平等、健康的同学关系。

标　准	结果指标
11. 设计合理的教学方案	11.1　掌握教学设计的基本方法。 11.2　在了解学科教材的基础上进行教学内容分析，明确具体内容的教学价值，能够确定教学重点，关注与教学内容相关的其他知识。 11.3　围绕教学内容进行有效的学情分析，能够确定学习难点，从学生已有的认知水平出发确定教学起点。 11.4　合理确定和准确表述三维目标，特别是“过程与方法”目标。 11.5　紧扣教学目标，设计符合学生认知规律的教学流程，教学环节清晰、有效。 11.6　了解不同类型知识(事实性知识、概念性知识、原理性知识、技能性知识)的特点和学习策略，采取恰当的教学策略。 11.7　能够依据教学目标设计合理的评价内容和评价方式。

11.1　掌握教学设计的基本方法。

【操作要点】

这个发展阶段的教师需要熟练掌握教学设计的基本方法。教学设计主要包括五部分：教学背景分析(包括教学内容分析、学生分析)、教学目标、教学策略、教学过程和评价方案。这五部分之间是密切联系的。教学背景分析是确定教学目标的前提，教学目标决定了后续其他几个部分的主要内容，教学过程都是为教学目标服务的。

需要注意的是，确定教学目标之前要有背景分析；教学目标不能空洞抽象，要具体、集中；教学环节不能雷同，要有时间预设；还要进行评价设计。

11.2　在了解学科教材的基础上进行教学内容分析，明确具体内容的教学价值，能够确定教学重点，关注与教学内容相关的其他知识。

【操作要点】

不少教师将教科书中的内容理解为教学内容，实际上真正的教学内容是教师以教科书为载体，经过加工处理，重新组织的能反映课程标准主题要求的内容。了解任教学科本学段教材内容，首先要能从整体上把握教材的基本结构，熟悉教材的知识体系，然后在此基础上具体分析某单元或某节的教学内容。具体包括识别内容的知识类型和地位、厘清知识与技能的核心要点、确定教学重点、分析内容之间的联系、挖掘内容的教学价值等方面。

教学重点是指教学中最重要的、最基本的中心内容。如果某一知识是单元的核心内容，或是后续内容学习的基石，或有广泛应用的知识，即可确定它是教学的重点。重点是教师安排教学结构的主要线索，是学生必须牢固掌握的部分。一般来说，每本教材有重点章，每章有重点节，每节有重点内容。每节教材，不管是重点节还是非重点节，都有它的教学重点。

挖掘内容的教学价值，就是要通过分析和挖掘内容在教材中的地位和作用，确定其对学生学习和发展的影响，以便使学生在知识、方法和情意等方面都能够得到收获。

【举例说明】　　“质量”教学内容分析

人教版初中物理九年级第十章“多彩的物质世界”中的第二节“质量”一节，从属于一级主题物质下的第二个二级主题：物质的属性。教材基本内容有：认识质量的概念，测量固体和液体的质量以及天平的使用等。质量是物质的一种基本属性，是物理学中的七个基本物理量之一，初中阶段限于学生认知水平将质量定义为物体所含物质的多少。实际上质量概念更为深刻，如惯性质量与引力质量、质能方程等。教学重点是测量固体和液体的质量，发展学生估测能力。

（案例来源：由北京教育学院丁友福提供）

11.3　围绕教学内容进行有效的学情分析，能够确定学习难点，从学生已有的认知水平出发确定教学起点。

【操作要点】

教学难点是指学生理解和接受存在困难的知识内容，一般来说，难点的产生原因大部分是因为知识过于抽象难以理解，概念繁多容易混淆、关系复杂难以理顺以及知识基础欠缺影响新知识的学习等。教学难点的确定必须认真分析学生的知识和经验基础，了解学生的思维能力和影响学习的各种因素。教师可以通过调查、访谈以及检测等手段实证研究和分析学生关于本节内容相关的知识基础、生活经验和能力水平如何，是否有漏洞可能会影响新知识的学习，也可以通过以往教学经验判断或诊断出学生在学习新知过程中哪些内容、哪些方面容易形成学习的障碍和困难，从而确定难点。

11.4　合理确定和准确表述三维目标，特别是“过程与方法”目标。

【操作要点】

教学目标是预期学生通过单元或课时教学活动获得的学习结果，它规定了通过具体的教学过程希望学生学会什么。课堂教学目标的制定，主要涉及教学目标的确定和教学目标的表述两个方面的问题。教学目标的制定要以学科课程标准、具体的学习内容为基本依据，还要考虑学生的认知基础和心理发展水平等情况。教学目标的制定一方面要考虑它能直接指导教学；另一方面要考虑使它便于评价。因此，教学目标的表述应该是明确具体、可操作、可观察测量。一个完整、具体、明确、规范的教学目标应包括主体、行为、条件和标准四个要素。一般用“行为主体＋行为条件＋行为内容＋行为结果”的形式表述。

需要说明的是，“过程与方法”中的“过程”，不是教师设计的教学过程，而是学生实际学习的过程体验，很难写在教学预案里；“方法”，不能理解为教学方法如讨论、探究等，而应理解为学生通过本课的学习，需要掌握的方法，包括特定内容的学习方法、思维方法。

【举例说明】　　“长江”教学目标设计

新课程理念下的地理课堂教学目标设计与传统的“教学目的”不同，其表述特点是具体、可观察、可测量。一般用“行为主体＋行为条件＋行为内容＋行为结果”的形式表述，一般课时目标的表述形式要体现三维目标整合。

如初中地理"长江"一节的教学目标：能够读图说出长江源流概况；能够据图说明长江不同河段的水文特征，分析说明不同河段地形、气候条件对长江水文特征的影响以及开发利用与治理；学会描述河流的一般思路和方法；感悟人与自然的协调。

（案例来源：由北京教育学院张素娟提供）

11.5　紧扣教学目标，设计符合学生认知规律的教学流程，教学环节清晰、有效。

【操作要点】

教学设计要考虑到教学流程的连贯性、逻辑性和递进性。一节好课，不仅要做到教学内容明确，教学重点突出，还要做到教学环节清楚，教学过程流畅，能够引导学生最终达成教学目标。教师要根据教学内容、教学对象和教学目标来设计教学活动和教学环节。比如，可以根据知识的逻辑顺序依次设计教学流程，在每个教学环节中体现教学目标；也可以依据教学目标设计问题框架整合教学环节，设计每个环节的主干问题，在每个环节中对主问题进行适当分解，以此给学生的思维搭设必要的台阶；还可以依据教学目标设计学生活动框架，通过一系列的、有内在联系的学生活动来贯穿整个教学流程。

【举例说明】　"大气运动"的教学流程设计

"大气运动"的相关教学内容间的关系及流程如下：

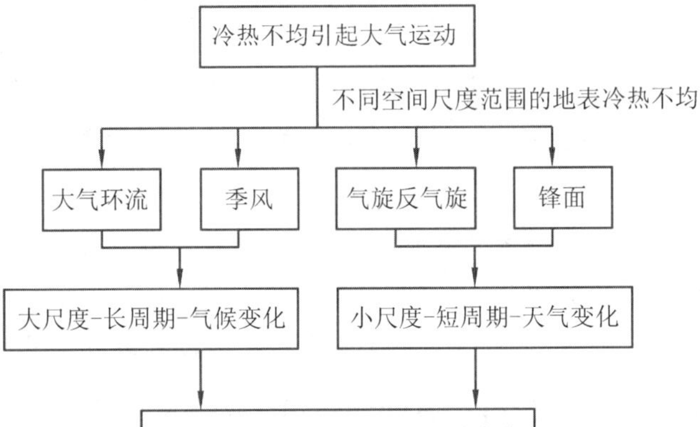

这是一个立体的单元教学内容流程。以往教师们在处理大气环流、季风、气旋反气旋、锋面时常常将它们各自独立讲授，而实际上这些内容是具有连贯性的，是通过地理学科独有的学科视角——尺度变化而连贯在一起的。而同时，冷热不均引起大气运动——大气运动带来大气物理特征的变化也是一个具有连贯性的内容。如果本课能将教学内容在横纵两个方面连贯起来，并以空间尺度的大小来区分内容的层次的话，不但能凸显学科基本特点，展现学科知识体系，更能符合学生的认知心理。

（案例来源：由北京教育学院李春艳提供）

11.6　了解不同类型知识(事实性知识、概念性知识、原理性知识、技能性知识)的特点和学习策略，采取恰当的教学策略。

【举例说明】　　　　化学概念的教学策略

学科概念往往是比较抽象的，教师难教学生难学。在实际教学过程，教师们往往采用机械记忆和大量习题训练的方法让学生掌握概念。虽然这种方法可能会让学生记住概念，但是，忽略了学生的认知规律，大大打击了学生学习的积极性。因此，要改变这个状况，教师必须学会根据学科内容的特点和学生的认知规律进行教学设计。

例如，化学概念的学习不应是由教师把知识简单、机械地强加给学生，而应该是由学生主动地进行建构，建构过程体现的是教师对学生思维过程的把握与引导。初中化学概念较多，以“元素”概念为例，教师在教学时首先要进行学生研究，了解学生的前概念，了解学生的认知和思维能力；其次，还要正确分析“元素”概念的内涵与外延。在此基础上，根据概念的形成过程设计合理的教学环节，可以采用纵向建构过程的策略，引导学生从典型事实认识抽象的学科概念，也可以采用横向建构的策略，利用概念网络图建立元素与其他学科概念之间的联系。然后，再通过必要的习题训练提升学生应用概念的能力。

（案例来源：由北京教育学院王钦忠提供）

11.7　能够依据教学目标设计合理的评价内容和评价方式。

【操作要点】

教学评价是指按照一定的教学目标，运用科学可行的标准和方法，对教学活动的过程及其结果进行测量和价值判断的过程。因此，明确教学目标是进行教学评价的前提。学生的学习效果能否达到教学目标的要求，一方面需要教学目标的设计要明确、可检测；另一方面需要教师能够依据教学目标设计出合理的评价内容和评价方式。学生在教师指导下，主动学习达到预定的教学目标，学生在教学目标要求诸方面上的变化表现为学习后的学力，学习后的态度，人格的变化以及达到课程标准要求的程度等。

标　准	结果指标
12. 实施有效的教学活动	12.1　教学语言准确、简洁、清晰。 12.2　能够规范、合理地使用板书、教具、多媒体和其他现代科技手段等辅助教学。 12.3　能够清楚、规范、有效地进行实验演示。 12.4　具有基本的课堂调控能力，保证大部分时间用于教学重点环节，完成预定的教学任务，并处理好预设与生成的关系。 12.5　合理地实施课堂提问并能够进行必要的追问。 12.6　注意观察学生的学习状态，倾听学生的发言，给学生表达困惑和想法的机会，对学生的表现及时反馈。 12.7　能够组织学生开展实验探究、小组合作学习等活动，具有一定的调控能力。 12.8　积极引导学生自主学习，体现学生学习的主体性。 12.9　重视复习课和习题课的教学。

12.1　教学语言准确、简洁、清晰。

【操作要点】

语言是教师进行课堂教学最重要的手段，包括讲解相关知识的语言、向学生提问或发出指令的语言，以及与学生沟通对话的交际语言。本阶段的教师首先要克服一些常见的不良语言习惯，比如口头禅、语词句式的单调、话语啰唆等，做到简洁、清晰；其次还要做到规范、准确地使用学科术语。

12.2　能够规范、合理地使用板书、教具、多媒体和其他现代科技手段等辅助教学。

【操作要点】

板书的要求是：

(1)字体端正，大小合宜，有一定书写速度，没有科学性错误。

(2)板书设计巧妙，突出重难点和知识间的联系，有一定的结构性。

(3)板书的呈现随着课堂进程有生成性，要随机运用副板书。

教学时用来讲解说明某事物的模型、实物、图表、幻灯等都是教具，教具使用的具体要求是：

(1)依据教学内容和教学对象选择合适的教具，应有利于达成教学目标。

(2)教具使用时，要方便学生观察，要引导学生如何进行观察。

(3)教具使用时，要重视语言的辅助功能。

多媒体技术也是教学的常用辅助手段，其具体要求是：

(1)课件的制作及演示符合特定学科的教学要求。

(2)演播式课件的文字大小、色彩搭配、动画设计等，符合学生的认知规律，有利于学生学习。

(3)必要时会使用交互式课件。

12.3　能够清楚、规范、有效地进行实验演示。

【操作要点】

教师演示实验的操作需要注意以下几点：

(1)充分做好课前实验准备，包括动手进行实验操作。

(2)讲课时注意实验用语的科学性和准确性。

(3)讲课时注意实验操作的规范性，切不可随意而为。

(4)演示过程一定要注意面向学生，让学生观察得清楚，让学生参与思考。

(5)演示实验一定要在课堂上动手操作，尽量不用多媒体演示。

12.4　具有基本的课堂调控能力，保证大部分时间用于教学重点环节，完成预定的教学任务，并处理好预设与生成的关系。

【操作要点】

课堂调控有两层意思：

第一，课堂调控的对象主要是“教学内容”与“教学时间”。教师应控制课堂上教学内容的基本走向，保证教学沿着正确的轨道行进；能够控制各环节教学时间的分配、把握整堂课的教学节奏，避免“前松后紧”“拖堂”“总是讲不完”等问题。课堂调控还要特别注意，要保证课堂上留有时间进行复习和总结，最好能让学生谈谈自己本节课的收获与体会。

第二，教学实施不是简单地照搬教案，而是要根据课堂上学生的情绪、思维状态和行为表现，对预设的教学方案进行适时的调整与改造。课堂上临时出现的情况，无论来自环境还在来自学生，都属于“意外事件或信息”，这些意外，有的毫无价值，教学不能随便受其干扰；有的则蕴涵价值(比如学生发言中似乎偏离主题，却闪现出智慧火花的内容)，需要教师敏锐地抓住，使之成为课堂教学的生成性内容。更优秀的教师，甚至能够把似乎毫无价值的信息和事件，化腐朽为神奇、变不利为有利、变危机为契机。

12.5 合理地实施课堂提问并能够进行必要的追问。

【操作要点】

提问与追问，是课堂教学中促进学生主动学习的最基本的手段，教师要善于利用提问和追问，保持学生的注意力，促进学生的积极思考和语言表达。在提问与追问活动中，训练学生的倾听与表达能力，对理科教学具有本体性而不仅是手段性的意义。

课堂提问的需要注意以下几点：

(1)根据教学设计时构想的主问题，选择恰当的时机、以恰当的方式提问，必要时对主问题进行变通处理。

(2)根据课堂上变化的学情，临时提出一些散问题，以便引起学生注意或者促进学生掌握知识或者启发学生思考。

(3)提问精当并有一定顺序，避免肤浅、杂乱的碎问。

(4)问题本身及其表述能让学生理解。

(5)减少自问自答、集体回答、是非问答等情况。

(6)掌握重复问题、重新表述问题、调焦(宽问题变窄问题)、停顿、搁置、分配等提问技术。

有效追问需要注意以下几点：

(1)根据学生回答问题的情况，进行灵活有效的追问，对困难者起支架作用，对优秀者起深化和拓展作用。

(2)掌握转引、提示、深化、转问、反问、回问等高级提问技术。

(3)鼓励学生提出问题，重视培养学生的问题意识。

12.6 注意观察学生的学习状态，倾听学生的发言，给学生表达困惑和想法的机会，对学生的表现及时反馈。

【操作要点】

课堂教学需要教师具有“洞察与反应”的技能：认真倾听学生的发言，敏锐观察学生的课堂活动，根据捕捉到的反馈信息及时做出反应，以此实现真正的师生互动。具体需要注意以下几点：

(1)鼓励学生大胆发言，耐心等待学生的表述，避免垄断话语权、抑制学生连贯表述的弊端。

(2)引导学生养成发言面向全班同学、向听众负责的习惯和认真倾听同学发言并做出善意反应的良好习惯，以此实现真实有效的生生互动。

对学生的表现进行反馈评价时，要注意：

(1)把课堂表现的评价权交给全班学生，避免独裁。

(2)教师的评价手段要多样化，除了口头语言的评价，其他各种“副语言”，如微笑、眼神、手势、鼓掌，都是评价的手段，而且往往更为有效。正面评价为主，但也不能滥用表扬，也要有适当的批评、指正。一味地赞扬、廉价的鼓掌，只会使评价贬值(这是当前课改中出现的通病)。

(3)注意评价的目标导向作用，切忌泛泛而论。对于学生发言或书面文字的评价，要突出其中的亮点；也要弥补不足，进行必要的点拨、引申，使全班学生的思维得以深化。

12.7 能够组织学生开展实验探究、小组合作学习等活动，具有一定的调控能力。

【操作要点】

新课程改革之后，课堂教学的组织形式由单一、被动的学习方式转变为多样化的自主学习、合作学习、探究学习等方式。探究学习是学生自主地获取知识和技能、体验和了解科学探究的过程。其中，实验探究是进行探究性学习的重要途径。组织实验探究活动是理科教师必备的教学能力，其要点如下：

(1)教师要综合考虑各种因素，妥善安排学生活动的分组分工，协调临时出现的问题和矛盾，调控活动的时间和空间，建立良好的教学氛围与学习秩序。

(2)教师要利用各种互动形式及其组织策略，关注有效互动的范围大小，确保全体学生理解活动任务并积极参与到活动中。

(3)教师要关注思维层面的深层互动，而非表面热闹、缺乏理性思维的乱动。

(4)实验活动时，教师还要提示学生注意实验安全。

小组合作学习是一种以合作学习小组为基本形式，系统利用各因素之间的互动，以团体成绩为评价标准，共同达成教学目标的教学组织形式。其实质是提高学习效率，培养学生良好的合作品质和学习习惯。理科教学需要经常地组织学生进行合作学习，在实施时需要注意以下几点：

(1)要有明确的学习目的。

(2)选择适当的时机开展合作学习。

(3)合理确定小组分工。

(4)营造民主、和谐的学习氛围。

(5)设立科学有效的评价方式。

12.8 积极引导学生自主学习，体现学生学习的主体性。

【操作要点】

实施有效的教学活动，应引导学生自主学习，体现学生学习的主体性。教师可参照以下要点：

(1)精心进行教学设计，设计符合学生认知规律的教学流程，选择切实有效的教学策略，满足学生的发展需求。

(2)采用自主、探究、合作的教学方式，引导学生自主建构，让学生真正成为学习的主人。

(3)精心设计教学活动，给予学生自主学习或者亲自参与的机会，让学生成为课堂学习的主体。

(4)采用多种评价方式和评价主体，全面评价学生的学习表现。

(5)处理好课堂教学中教师与学生的关系，切实发挥教师的引导作用。

12.9 重视复习课和习题课的教学。

【操作要点】

复习课和习题课是日常教学的重要组成部分，对于促进学生巩固和理解知识有着非常重要的作用，教师要关注复习课和习题课的教学。首先，教学设计方面应充分分析学生的学习现状，再确定教学目标，在此基础上寻求重点和难点的突破策略，进而设计出合理的教学流程。复习课少不了对习题的讲解和习题的训练，而好的习题则可以起到举一反三的作用，因此，教师在教学设计时要注意围绕学生的认知基础和认知发展顺序选择典型性习题或者设计合理的问题，习题的层次性要遵循先易后难、螺旋上升的原则，把握好习题之间的梯度，合理规划学生的发展空间，把学生的思维发展落到实处。

标准	结果指标
13. 培养良好的学习习惯与指导学生学会学习	13.1 认识到学习方法在理科学习中的重要性，注意培养学生的良好学习习惯。 13.2 了解自主、合作、探究等有效的理科学习方式，并能在教学过程中加以运用。 13.3 了解理科学习的特点，树立培养学生创新精神和实践能力的意识。

13.1 认识到学习方法在理科学习中的重要性，注意培养学生的良好学习习惯。

【操作要点】

良好的学习习惯，是优质高效学习的重要保证，其内容主要有：整齐归置书本资料和学习用具；拟订学习计划、监控自己的学习过程；主动阅读学习材料并查阅相关资料、做笔记；专心听课、预习、归纳复习；积累记忆方法，注意观察，独立思考和作业，喜欢质疑问题，喜欢动手试验，有意识地发现问题，尝试主动解决问题等。

13.2 了解自主、合作、探究等有效的理科学习方式，并能在教学过程中加以运用。

【操作要点】

转变学生的学习方式是新课程改革的基本理念之一，良好的学习方式可以充分发挥学生学习的主体性。因此，培养学生的学习方式也是教师教学的重要内容之一。具体的操作时需要注意以下几点：

(1)教师首先要了解自主、合作、探究等方式在理科学习中的重要性。

(2)教师要尊重每位学生的学习风格，灵活选择学习方式。

(3)根据学生实际情况和具体的教学内容选择学习方式。

(4)恰当设计自主、合作、探究等学习活动，充分发挥其在理科学习中的重要作用。

13.3　了解理科学习的特点，树立培养学生创新精神和实践能力的意识。

【操作要点】

理科学习具有渐进性、逻辑性、实践性和独立性等特点，要求学生在学习过程中既要动手实践，又要动脑思考；既要树立科学严谨的态度，又要具有质疑的精神。因此，培养学生的创新精神和实践能力是理科教学的重要任务之一。教师在教学过程中需要解放思想，尊重学生的求异精神，尊重学生的个性化发展；注重启发式教育，激发学生的学习兴趣，创造自由的环境，培养学生创新的思维，教会学生如何学习，不仅学会书本的知识，特别要学会书本以外的知识。

【举例说明】　　“滑动变阻器”教学案例分析

在教学中，一般教师给学生小灯泡和滑动变阻器，让学生自己去探索调节小灯泡亮度的方式，从而学会怎样使用滑动变阻器；而有的教师通过一系列问题，例如可以用电阻丝调节阻值，但是范围有限，在更大范围内调节电阻的变化，需要怎么做？学生会考虑增加电阻丝长度，教师追问这样做会出现什么问题，学生会考虑到把电阻丝绕起来……教师引导学生发现问题、解决问题，引导学生“创造”出一种可以调节阻值的仪器即滑动变阻器。

从上述案例中，可以发现两类教师的做法有本质区别。前者教师的目的在于让学生知道这个仪器怎么用，对滑动变阻器的结构采用“告诉”的方式，学生学到的是“是什么”的知识；后者侧重于引导学生自己探索和思考，对于学生的创造力的培养非常有价值。

（案例来源：由北京教育学院张芳提供）

标　准	结果指标
14. 开展多元的学习评价	14.1　具有引导学生参与评价的意识。 14.2　关注学生的学习效果。

14.1　具有引导学生参与评价的意识。

【操作要点】

教师可以参照以下几个要点：

(1)通过设计让学生自评和互评的活动给学生参与学习评价的机会，例如为全体学生提供集体讨论作业的机会。

(2)引导学生制定阶段学习的目标。

(3)向学生示范评估的方法和策略，例如评价过程中使用成长记录袋。

(4)帮助学生形成自我反思技巧，例如请学生通过完成学习小结对学生的学习情况进行评价，也可以组织学生将自己的学习小结在班级展示交流和反思。

【举例说明】　　“制作小车模型”中学生参与评价的方法

课程设计要有目的地引导学生参与评价，可以通过发给学生带有详细评价要求和评价活动过程的记录单来帮助学生参与评价。

比如，制作小车模型活动，活动时给每个小组发一张制作小车活动记录单，活动记录单上有一项重要内容就是评价。评价包括小组自评与小组互评。自评与互评有统一的评价标准。包括草图、不掉车轮、车轴不晃、车架不变形、运动距离远、小车行进直线、修改理由充分有效、新颖有创意等。自评记录表格含有多次改进小车性能来增加分数。最终满意参加互评，互评记录表格中展示汇报的效果也是一个评分标准，促使学生训练更好的表达能力。

（案例来源：由北京教育学院丁友福提供）

14.2　关注学生的学习效果。

【举例说明】　　“制作小车模型”中学生学习效果的检测

学生的学习效果可以通过以下方式获得：观察、询问、学生展示、题目测试等。其中，学生展示活动很能反映学生对相关知识技能的掌握程度。

比如，小车模型小组展示互评活动。每一个小组都要上台展示自己的小车，讲述自己的小车制作理念，制作过程中遇到的困难以及如何克服，讲述制作过程在采用了哪些方法并达到了怎样的效果，以及自己对这些方法的理解。还包括小车模型还有哪些问题，还有哪些困惑。在讲述过程中要接受其他小组的提问。这样的展示活动对教师了解学生对小车相关知识的学习效果有很大帮助。

（案例来源：由北京教育学院丁友福提供）

标　准	结果指标
15. 促进有效的课堂管理	15.1　能够维持正常的课堂教学秩序，完成教学任务。 15.2　合理调控课堂的时间与节奏。 15.3　合理调控教学内容的走向。

15.1　能够维持正常的课堂教学秩序，完成教学任务。

【操作要点】

维持课堂教学秩序需要注意以下几点：

(1)课堂教学不得受非教学活动的干扰。

(2)按照教学计划和教学设计进行有序教学。

(3)创造适宜的课堂氛围，保持和谐的师生关系。

(4)公平、合理地实施课堂纪律。

(5)机智、灵活地处置课堂突发事件。

15.2　合理调控课堂的时间与节奏。

【操作要点】

适度的课堂节奏能够牵制学生的注意力，维系学生的学习热情，保证教师顺利完成教学任务。合理调控课堂的时间与节奏要注意以下几点：

(1)精心进行教学设计，合理分配教学容量，设计适度的教学目标。

(2)根据学科知识的形成过程设计符合逻辑的教学环节和教学活动。

(3)根据教学内容特点和学生情况选择适宜的教学策略。

(4)注意课堂观察，适时灵活地调节学生的情绪。

15.3　合理调控教学内容的走向。

【操作要点】

合理调控教学内容走向可以参照以下几点：

(1)精心进行内容分析和学生分析，设计合理的教学目标。

(2)准确确定教学重点和难点。

(3)设计符合逻辑的教学程序和合理的教学策略。

(4)围绕教学目标设计教学活动和选择教学资源。

(5)设计合理的教学评价检测教学目标的达成情况。

标 准	结果指标
16. 渗透思想品德教育与生活技能教育	16.1 能够初步开展思想品德教育。 16.2 能够初步开展生活技能教育。

16.1 能够初步开展思想品德教育。

【操作要点】

思想品德教育是将一定社会的思想道德转化为受教育者个体的思想道德。学生良好思想品德的培养是学校德育的重要目标，学校德育是中小学生形成良好思想品德的重要途径。作为理科教师也应该掌握开展思想品德教育的基本方法，能够结合学科教学对学生进行教育。具体可参考以下几点：

(1)要注重思想品德教育基本理论和基本观点的学习，用以指导学生的思想品德的发展。

(2)要注重理论联系实际，结合学科教学和生活实际进行渗透。

(3)要注重知行统一，在践履中学习。

16.2 能够初步开展生活技能教育。

【操作要点】

生活技能[①]是指个体的心理社会能力，是一个人有效地处理日常生活中的各种需要和挑战的能力；是个体保持良好的心理状态，并且在与他人、社会和环境的相互关系中，表现出适应和积极行为的能力。生活技能教育兴起于20世纪80年代初期的美国。美国学者伯特温(Gilbert J. Botvin)提出用“生活技能训练”的方法预防青少年吸烟问题，取得很好的效果。于是，

① 马迎华、王凤清等：《〈生活技能教育与心理健康促进〉课程教学模式研究与效果评估》，载《中国卫生学校》，2007(11)。

生活技能教育在英国、加拿大、澳大利亚等国迅速发展。目前，生活技能教育的理念和方法已被许多国家接受，逐步系统化和规范化。生活技能教育是在考虑文化和发展的前提下，以技能教育为基础，恰当地锻炼强化青少年的心理社会能力，促进发展，保护人权，预防健康和社会问题。属于健康教育的范畴，是素质教育的一部分，目标是预防青少年的问题行为。生活技能教育的目的是使青少年掌握技能，正确认识自己、他人和环境，调整自身行为，发挥个人潜能，建立健康的生活方式，较好地适应社会，健康成长。

生活技能教育的内容主要包括：改进生活技能与健康、了解自己、培养责任感、情绪调节、沟通与交流、理解他人、解决问题、缓解紧张和压力、发挥创造力、选择与决定、避免行为上异常(吸烟、饮酒)的危害、远离毒品、保护自己、走向健康。

理科教师可以结合任教学科的知识内容培养学生的生活技能，引导学生从科学的视角认识和解决生活中的问题。

标　准	结果指标
17. 实施积极的安全教育与健康教育	17.1　能对学生进行必要的健康教育。 17.2　具有关注学生心理健康的意识。 17.3　能对学生进行必要的安全教育。 17.4　对学生的人身安全富有责任感，能够采取合理的措施积极应对。

17.1　能对学生进行必要的健康教育。

【操作要点】

《中小学健康教育指导纲要》指出，健康教育是以促进健康为核心的教育。通过有计划地开展学校健康教育，培养学生的健康意识与公共卫生意识，掌握必要的健康知识和技能，促进学生自觉地采纳和保持有益于健康的行为和生活方式，减少或消除影响健康的危险因素，为一生的健康奠定坚实的基础。

中小学生健康教育的内容主要包括三个方面：生理健康教育、心理健康教育和社会适应健康教育。生理健康教育应从以下两个方面着手：(1)结合生物教材，把生理健康教育融入课堂；(2)走出课堂，进行生理健康咨询和宣传。心理健康教育的内容主要包括青春期心理健康及青春期心理卫生、个性与个性修养等。社会适应健康教育，首先，要搞好德育工作。把思想政治、劳动观念、纪律、集体主义和爱国主义教育寓于课堂教学之中。其次，不可放松文化科学知识学习和能力的培养，使学生形成正确的世界观、人生观及高尚的审美观，提高学生的社会适应性。

17.2　具有关注学生心理健康的意识。

【操作要点】

《中小学心理健康教育指导纲要》明确指出，心理健康教育的主要内容包括：普及心理健康基本知识，树立心理健康意识，了解简单的心理调节方法，认识心理异常现象，以及初步掌握心理保健常识，其重点是学会学习、人际交往、升学择业以及生活和社会适应等方面的常识。作为学科教师，在课堂教学过程中，应该结合学科内容有意识地进行渗透。

17.3　能对学生进行必要的安全教育。

【操作要点】

中小学生意外伤害事故时有发生，有关专家指出，通过安全教育和预防，提高学生的自我保护能力，有80％以上的意外伤害事故可以避免。为了保障学生安全和健康成长，教师有责任对学生进行必要的安全教育，特别是有关实验的安全问题，应该得到足够的重视。

17.4　对学生的人身安全富有责任感，能够采取合理的措施积极应对。

【操作要点】

《中华人民共和国未成年人保护法》第二十二条规定："学校、幼儿园、托儿所应当建立安全制度，加强对未成年人的安全教育，采取措施保障未成年人的人身安全。"第三十四条规定："学校、幼儿园、托儿所和公共场所发生突发事件时，应当优先救护未成年人。"因此，作为教师应当了解应对各种灾害、传染性疾病、食物中毒、意外伤害等突发事件的有力措施，尽可能地避免或者减少对学生的伤害，保证学生的安全。

领域四　教育教学研究与专业发展

标　准	结果指标
18. 教育教学反思与行动研究	18.1　培养教学反思的习惯，及时总结教学经验。 18.2　具有问题意识，经常梳理教学中的问题，并尝试进行解决。 18.3　学习教育科研方法，尝试参与课题研究。

18.1　培养教学反思的习惯，及时总结教学经验。

【操作要点】

这个发展阶段的教师要注意培养反思教学的习惯，比如：

(1)经常有意识地对自己的课堂教学实践进行回顾、审视和反思，总结经验与教训，汲取他人的教学经验，不断改进自己的教学，逐步形成教学反思的习惯。

(2)练习撰写教学日记、教学叙事和教学案例分析，做好说课评课，提高自己教学反思的质量。

(3)在教学反思中，注意把自己“学会教学”的过程与教学生“学会学习”的过程统一起来，努力提升自己教学实践的合理性，为实现新手到熟练的过渡打下基础。

18.2　具有问题意识，经常梳理教学中的问题，并尝试进行解决。

【操作要点】

这个发展阶段的教师要善于收集和梳理教学中存在的问题，并尝试进行解决。比如：

(1)通过课堂观察、课下与学生交流、家长反映和学习效果检测等渠道，了解自己工作中存在的问题。

(2)不放过问题，与同事或有经验的教师讨论，分析问题，逐步形成教学行动研究专题。

(3)从“问题意识”入手，把“问题意识”适时地转化为“课题意识”，通过“计划—行动—观察—反思”循环过程，把解决问题的过程变成教学行动研究过程，促进自己的专业化发展。

18.3　学习教育科研方法，尝试参与课题研究。

【操作要点】

具有一定的教科研能力是现代教师的基本特征之一。教师不仅要会教书，还要教好书，这就离不开教师对教学的深入研究。教师的研究不同于一般意义上的学术研究，具有实践性、实用性和灵活性等特点，属于行动研究，本质上是教师在实践过程中利用科学方法解决自己教学中的问题过程。所以，教师要学习教育科研方法，并积极参与他人的课题研究，在研究过程中提升自己的教科研能力。比如：

(1)阅读教育科研方法类的书籍，学习科学的研究方法。

(2)经常阅读学术期刊，学习学术论文和研究报告的撰写方法。

(3)积极参与课题研究，并承担一定的任务，并研究边学习，体验课题研究的过程与方法。

(4)尝试设计和实施自己的课题。

标　准	结果指标
19. 团结协作与经验分享	19.1　具有团队合作意识。 19.2　积极参加教学研究活动，虚心求教。

19.1　具有团队合作意识。

【操作要点】

教师的团队合作意识主要表现在：

(1)在参加学校的各种活动中，体验本校的办学特色与学校文化，了解团队行为准则。

(2)认同团队行为准则或适时提出建设性意见。

(3)在团队活动中扮演一定的角色，贡献自己的智慧和精力。

19.2　积极参加教学研究活动，虚心求教。

【操作要点】

这个发展阶段的教师要积极参加教研活动，多与他人进行交流，虚心求教，博采众长为我所用。比如：

(1)培养自己对教学研究活动的兴趣，每周提前安排工作计划，在计划中包括参加教研学习的时间。

(2)每次教研活动后，及时思考自己得到的启发与收获，并不间断地积累学习收获，在一定情况下与同事分享。其中“及时”“不间断”和“积累”是最重要的。

标　准	结 果 指 标
20. 终身学习与持续发展	20.1　能够制定符合自身专业发展的职业生涯规划，树立正确的职业理想； 20.2　积极参加学习和进修，具有优化和提升自我专业素养的意识。

20.1　能够制定符合自身专业发展的职业生涯规划，树立正确的职业理想。

【操作要点】

教师职业生涯规划就是对教师职业生涯乃至人生进行持续、系统的计划的过程，是帮助教师树立和实现职业理想的重要保障，也是教师终身学习和专业发展的需要。它包括对教师职业的选择，对教师职业目标与预期成就的设想，对工作单位和岗位的设计，对成长阶段步骤以及环境条件的考虑等。基本方法如下：

(1)明确影响教师职业生涯规划的因素，获取和掌握与教师职业相关的各种信息。

(2)了解教师职业生涯的发展阶段，以便更好地适合自身发展需要。

(3)掌握制定教师专业发展的方法和步骤。

(4)把自己的职业规划向专家咨询，征求专家的建议和意见，以便更好地适合自己的专业发展。

20.2　积极参加学习和进修，具有优化和提升自我专业素养的意识。

【操作要点】

教师要树立终身学习的意识，不断提高专业素养，比如：

(1)积极学习和了解当前课改的动态、关注教育与学科教学领域热点问题和前沿问题，并注意收集和积累相关资料，积极吸收新理念、新方法。

(2)结合课程改革或本地区基础教育发展趋势，思考对教师提出的专业素养新要求，增强优化和提升自我专业素养的意识。

(3)依据本校或本区域基础教育发展需求，带着明确的问题，按要求参加学习和进修，并应用于校本研修之中。

二、从熟练到成熟

维度一 专业基础

领域一 健全人格与职业道德

标 准	结果指标
1. 爱岗敬业，履职尽责	1.1 热爱理科教育事业。 1.2 严格贯彻教育方针政策和遵守教育法律法规。 1.3 认真履行教师职责。 1.4 具有很强的责任感。

1.1 热爱理科教育事业。

【内容要点】

把教师职业当做终身事业，全身心地投入到教书育人的事业中去。热爱教育事业体现在三个方面：一是对生命的大爱，不是站在具体某一个孩子的角度上表达喜爱，而是一种伦理的情怀；二是热爱任教学科，喜欢科学实验，有致力于促进学科发展、传播科学知识和宣扬科学精神的愿望；三是在职业中不断获得价值感和成就感，开始将职业升华成事业。

1.2 严格贯彻教育方针政策和遵守教育法律法规。

【内容要点】

(1)教师要严格贯彻教育方针政策和遵守教育教律法规(具体法规详见“从新手到熟练”阶段的表述)。

(2)能够将法律法规的规范和强制性要求逐渐内化为自己行为的价值和准则，从他律开始转向自律。

1.3 认真履行教师职责。

【内容要点】

这个发展阶段的教师不仅要明确教师的职责，更重要的是要认真履行教师的职责。在不断提高业务能力的同时，不断提高自身的修养，以“学高为师，身正为范”严格要求自己，树立教书育人、为人师表的良好形象，真正履行好教师这个崇高而又神圣职业的职责。

1.4 具有很强的责任感。

【内容要点】

强烈的责任感来自于对教育事业的感悟和对学生成长的期待。这个发展阶段的教师经过一段时间的教学实践，应该形成对于教师责任的一种内驱力系统，使得教师的责任感和使命感不断增强。

标准	结果指标
2. 关爱学生，教书育人	2.1 关心和热爱每一位学生，做学生的良师益友。 2.2 平等公正地对待每一位学生，尊重学生人格。 2.3 引导学生树立正确的人生观和价值观。 2.4 具有促进学生全面可持续和个性化发展的意识和行动。

2.1 关心和热爱每一位学生，做学生的良师益友。

【内容要点】

关心学生是对学生带有责任感的、对他们寄予良好期待的态度和行为。具体表现在：(1)关心学生的思想和生活，利用课余时间接触，了解学生在想什么、需要什么；(2)关心学生的学习，发现学生的优点，重视学生学习中的困难，想办法让每个学生都能在原来的基础上提高，并使周围的人认同学生的提高，增强学生对学习的信心。

教师的勤恳敬业和奉献精神直接体现在对学生的热爱上：(1)教师要学会了解：学生的行为背后，总有他认定的想法，请试着了解他，不要急于批判他；(2)教师要学会同理：发挥同理心是了解学生的第一步，蹲下身来，站在学生的立场去看、去想，才能了解学生眼中的世界；(3)教师要学会倾听：以耐心的态度，关注的神情，积极倾听，给予学生完整表达的机会，并同时给予温馨的回应。

教师热爱并关注每一个学生，更要把注意多指向那些学习成绩不佳，学习行为习惯较差的学生，让他们感受到来自老师的深切关爱。走进学生的内心世界，平等宽容地对待学生，关心他们的生活和学习，真正成为他们的良师益友。

2.2 平等公正地对待每一位学生，尊重学生人格。

【内容要点】

尊重学生的人格、平等公正地对待学生是师德的基本要求，教师在与学生交往中要做到爱无差等，一视同仁。学生之间的智力、能力、性格、家庭经济情况等可能会存在着客观差别，但每个学生的尊严和权利都是一样的。作为教师要有一颗平等之心，平等对待每一个学生，尊重学生的差异和学生的人格，让每一位学生都享受到老师对他们的爱。教师不能以自己的私利和好恶做标准处理师生关系。所以，教师要做到：

(1)教师要理解学生间的个性差异。

(2)教师要包容学生的失败和失误。

(3)教师要尊重学生的兴趣和选择。

(4)教师要避免使用负面的评价语言。

2.3 引导学生树立正确的人生观和价值观。

【内容要点】

为了帮助学生树立正确的人生观和价值观，教师需要做到以下几点：

(1)教师要善于做价值观的引导者。教师不仅要践行一个教师教书育人的神圣职责，同时也要通过自己高尚的人格境界把乐观，进取、责任、敬业的意识传递给与他接触的每一个学生。教师要通过自己的言行教育影响帮助学生树立正确的价值观。

(2)教师要在师生交往和教育活动中，引导学生树立正确的人生理想。教师要通过“价值澄清”等有效的教育模式帮助学生确立正确的价值信仰。教师还要结合现实社会生活，通过正反范例的解读，帮助学生区分正确与错误的人生理想。

2.4 具有促进学生全面可持续和个性化发展的意识。

【内容要点】

教师在教学过程中要以新课改理念为指导，秉承促进学生全面可持续和个性化发展的宗旨，使得教学工作为了一切学生，为了学生的一切。教师还要积极探索教育教学客观规律，调动学生的创新实践能力，创设优良的育人环境，尊重学生个性、注重学生的智力与能力发展、关注学生的身心健康等，全面促进学生的可持续发展。

标 准	结果指标
3. 为人师表，严谨治学	3.1 作风正派，公正廉洁，兢兢业业。 3.2 学风优良，刻苦钻研，改进教育教学方法，提高教育教学水平。

3.1 作风正派，公正廉洁，兢兢业业。

【内容要点】

教师的形象直接影响着学生的价值观，教师个人的职业道德和做人原则，为学生的健康成长指明了方向。教师只有作风正派、公正廉洁才能在学生心目中树立起威信，同时也为建立良好的师生关系打下坚实的基础。外面世界的诱惑、教学工作的压力，学生家长的要求、社会公众的期望……常常使教师身心俱疲，从而产生教师职业倦怠。这个发展阶段的教师唯有兢兢业业，才能善始善终，克服倦怠。

3.2 学风优良，刻苦钻研，改进教育教学方法，提高教育教学水平。

【内容要点】

教师的学风不仅表现在教学研究活动中，还表现在课堂教学和言行举止等方面。在当前形势下，教师要带头抵制学术腐败。优良的学风是教师必备的一种素质。

在此阶段，教师钻研业务不再是出于完成工作任务的需要，而是为了自身发展的需要；对于教育教学工作，不再停留于仅以权威专家的理论为据，也不再停留于仅按有关要求行事，而是力求做得更好。在工作中，一方面，注重教学工作质量的提升，积极主动地探寻改进工作的新路径、新方法；另一方面，已初步具有问题研究与预防意识，能在解决问题中不断反思总结。

标准	结果指标
4. 热爱生活，身心健康	4.1 积极锻炼身体，增进身体健康，合理分配精力。 4.2 心态平和、善良宽容，具有爱心、同情心和正义感。 4.3 能够正确对待困难和挫折，善于自我调节。 4.4 具有良好的生活情趣，至少具有一种有益身心健康的兴趣爱好。

4.1 积极锻炼身体，增进身体健康，合理分配精力。

【内容要点】

这个阶段的教师是学校中的教学骨干，教学工作繁重，心理压力大，即使这样也要注意自己的身体健康，要学会合理分配精力，张弛有度，适时进行锻炼。

4.2 心态平和、善良宽容，具有爱心、同情心和正义感。

【内容要点】

一个人的能力有大小、职位有高低，但是教师要能抵住各种诱惑，静下心来踏实做事，保持平和的心态；正确处理与领导、同事和学生之间的关系，坚持自己的原则，追求自己的理想。

4.3 能够正确对待困难和挫折，善于自我调节。

【内容要点】

这个发展阶段的教师经过多年的教学实践和生活磨炼，心理越来越成熟，具有较强的心理承受能力和抗压能力，所以，教师要端正对待困难和挫折的态度，善于自我调节。比如，在遇到困难时，不怨天尤人，能够厘清解决困难的思路，正确选择解决问题的方法；遇到挫折时，不轻言放弃，具有坚定的信心，锲而不舍地实现自己的目标等。

4.4 具有良好的生活情趣，至少具有一种有益身心健康的兴趣爱好。

【内容要点】

高雅的生活情趣是健康的情趣，向上的情趣，文明的情趣，科学的情趣，不仅可以愉悦心情，催人奋进，而且还可以陶冶情操，提升生活质量，促进事业更好地发展。具有良好的生活情趣反映了一个人有较高的素质和个人修养，因而是每位教师应该追求和向往的生活目标。作为学校也应该有义务为教师们提供多种活动机会，丰富教师的业余生活。

领域二　学科知识与教育教学知识

标　准	结果指标
5. 关于学科的知识	5.1　掌握任教学科课程标准中的核心概念和学科方法，能够描述学科知识的层级结构。 5.2　具有较强的实验(实践)能力，善于发掘实验(实践)的教育价值。 5.3　熟悉任教学科的发展简史和前沿成果，并将其应用于学科教学。 5.4　熟悉任教学科与其他学科以及STS之间的联系，能够在相关内容的教学中进行渗透。

5.1　掌握任教学科课程标准中的核心概念和学科方法，能够描述学科知识的层级结构。

【内容要点】

学科知识包括具体的学科事实、基本概念和基本技能，也包括上位的一些学科视角、核心概念和学科方法。其中，核心概念是指在众多的学科事实和现象的基础上归纳、提炼出来的概念性理解，是对同一类学科问题本质特征的抽象概括。核心概念不同于一般的学科概念，它可以揭示学科知识的本质和学科事实之间的联系，具有统摄学科知识的功能。教师有意识地引导学生掌握学科核心概念可以发展学生对学科知识的深层次理解。核心概念具有阶段性，其表述形式要用学生能够理解的语言进行表达，要与学生的学习阶段和思维能力相一致。

学科方法是指从事学科研究的基本手段和思维工具，是人们在认识和改革客观世界的实践活动中总结出来的正确思维方法和行为方式。它既有自然科学研究一般方法的共性，又具有学科研究特殊方法的个性，即学科特有的方法。在学习和科学研究中，学科特有方法被视作产生学科知识的“知识”。

知识结构是指一个人经过专门学习培训后所拥有的知识体系的构成情况与结合方式。合理的学科知识结构是具有层级的，从下到上具体包括：(1)统摄性较低的概念和基本事实；(2)学科视角和核心概念与方法；(3)跨学科主题；(4)哲学思考等层次。统摄性较低的概念和基本事实处在层级结构的最底层，是其他知识的基础，但是人们的学习不能仅仅局限于占有大量的事实性知识，而应进行超越事实的学习，建构完善的知识层级结构，发展对事实性知识的深层次理解。

【举例说明 1】　　小学科学核心概念

教师在教学过程中要自下而上的，从贴近生活，贴近兴趣，贴近儿童的浅而寓意深的举例着手，自然地进入各具体概念细目，并由此逐渐理解、掌握核心概念。比如，在讲解动物适应环境时，教师可以通过分析常见动物兔子、马、老虎和猫的眼睛位置，来引导学生认识食草动物和食肉动物的区别，然后在此基础上归纳总结得出核心概念"在长期适应环境的过程中动物器官的结构与其生活习性相适应。"

（案例来源：由北京教育学院李晶提供）

【举例说明 2】　　初中化学核心概念

化学核心概念是对化学事实和现象的抽象概括和本质理解，在初中阶段化学学科核心概念如："原子、分子是构成物质的基本粒子""元素是组成物质的基本单位""化学反应中常常伴随能量变化"，等等。

例如，"原子、分子是构成物质的基本粒子"是学生对物质结构的一个阶段性认识，可以帮助学生建立从微观角度认识物质构成和物质变化的学科视角，建立微观结构与宏观事实之间的联系，培养学生的抽象思维能力；还可以让学生理解物质的微粒性。

（案例来源：由北京教育学院王钦忠提供）

【举例说明 3】　　初中物理核心概念

与其他学科一样，在中学物理中也有很多核心概念，学生对核心概念的理解程度关系到学生的对物理知识的深层次理解。比如，"能量"作为一个科学主题，在初中物理学科中可以被分解成一系列的核心概念，比如"能量守恒定律""能量的转移和转化"等，这部分内容具有较强的综合性，可与物理学科的其他部分联系体现学科的网络结构，也与其他学科共同融合构成科学自然观的基础。对于培养学生科学的世界观、联系生活生产实际、形成环境保护、可持续发展的意识以及进一步学习其他科学技术，都是十分重要的。

（案例来源：由北京教育学院冯爽提供）

【举例说明 4】　　初中生物核心概念

对于这个阶段的初中生物教师来说，在 2011 年版的生物课标中强调了对核心概念的理解，并把核心概念作为教学的重点。生物学核心概念是在众多的生物学事件、生物学事实、生物学现象的基础上归纳、推理出来的结论，是对同一类生物学问题本质特征的概括。

例如，“生物界是一个多层次的有序结构”这一核心概念，就是在分析生物界各个层次的生命系统化学成分及组成单位的基础上，概括出来的这一本质认识：从生物个体分析入手，发现生物体的各种化学成分在体内不是随机堆砌在一起，而是严整有序的。生命的基本单位是细胞，细胞内的各结构单元(细胞器)都有特定的结构和功能。生物界的多层次有序结构表现在：在细胞这一层次之上有组织、器官、系统、个体、种群、群落、生态系统等层次，不同的层次有不同的结构，不同的结构完成不同的功能，它们的协调活动构成了复杂的生命系统。理解“生物界是一个多层次的有序结构”概念的本质，有助于理解生命的本质，从系统的角度来认识生命系统。

（案例来源：由北京教育学院胡玉华提供）

【举例说明 5】　　初中地理核心概念

对于这个阶段的初中地理教师(自然地理)来说，核心概念既是学科重点内容，也是学科教学的思想方法之一。地理核心概念是对众多地理事象本质特征的概括。

例如，“区域差异引起区际联系”这一核心概念和思想方法，在分析自然地理现象以及人文地理现象中发挥着统领作用。如区域间的海拔差，引起地表水的流动以及水循环得以存在，从而引起区域水资源条件差异，进而引起不同水资源条件区域间的地域联系。再如，区域间的热量差异，引起地表大气的运动，从而引起不同区域间的水分和热量交换，从而产生区域间的水热联系等。理解“区域差异引起区际联系”这一核心概念，有助于理解众多地理事象的本质特征。能从上位的角度理解描述区域特征、比较区域差异、建立区际联系、寻求区域协调发展间的关联，具有统整学科事实、学科基本概念的功能。

（案例来源：由北京教育学院李春艳提供）

【举例说明 6】　　化学学科特有方法：分子模型法

在化学发展史上，分子模型法为化学家研究有机化合物的分子结构发挥了重要作用。比如，德国化学家凯库勒在研究苯分子时提出了凯库勒模型，为研究苯分子的结构打下了基础。

在化学教学中，分子模型法也是非常重要的一种方法，比如，甲烷是最简单的有机化合物，其分子构型是正四面体。但由于甲烷是学生接触到的第一个有机化合物，它的微观结构不能直接通过肉眼进行观察，学生的抽象思维能力还不足以帮助他们建立起从微观角度认识甲烷分子的空间结构，因此，需要教师根据甲烷的分子结构设计甲烷分子球棍模型，把微观的信息变成可观察的、形象化的宏观模型，通过分子模型引导学生从微观角度的认识甲烷，建立微观结构与宏观性质之间的关系。

（案例来源：由北京教育学院王钦忠提供）

【举例说明7】　物理学科特有方法：控制变量法

自然界中发生的各种物理现象往往是错综复杂的，因此，影响物理学研究对象的因素在许多情况下并不是单一的，而是多种因素相互交错、共同起作用的。比如，某段导体中通过电流的大小不仅和其两端电压有关，还和这段导体的长度、横截面积的大小及材料种类等因素有关。所以，要想精确地把握研究对象的各种特性，弄清事物变化的原因和规律，单靠自然条件下整体观察研究对象是远远不够的，还必须对研究对象施加人为的影响，营造特定的便于观察的条件，这就是“控制变量”的方法。

（案例来源：由北京教育学院公维余提供）

【举例说明8】　生物学学科特有方法：解剖

进入中学阶段的男生和女生面临着青春期的生理剧变。这主要表现为三大变化：第一，身体外形改变了；第二，内脏机能健全了；第三，性成熟。处于青春发育期的青少年在形态、生理和心理都在发生急剧变化，特别是性成熟这一“突变”，往往给青少年带来不少暂时的困扰。怎样解决学生的困扰呢？我们应该顾及这个年龄段的生理变化和心理变化，切实有针对性地做好教育工作，帮助学生顺利度过生理上的特殊时期。其中，利用实验动物作为材料进行解剖与形态观察，是了解人体结构与功能的最直接途径。

（案例来源：由北京教育学院靳飞提供）

【举例说明9】　地理学科特有方法：空间观、时间观和综合观

地理学的空间观是从不同空间尺度上认识世界，又可包括区域和区位两方面内容。区域是相对于全球和局地空间尺度而言，区域地理学透过不同空间尺度的变化来认识世界，包含区域特征、区域差异、区域关联和区

域演变等四部分内容；区位着重于空间分析，关注地方的属性并能进行空间优化的区位选择。此外地理学的空间观还要求能进行空间表述，运用地图、语言、数学等空间表述方法来描述地理空间。

地理学的时间观即动态观察世界的方法，重视过程和现象之间的关系和相互依赖性，即考虑地球环境随时间的变化过程，也重视人地关系在不同时间尺度上的表现，同时也需要认识区域的发展演化过程。

地理学的综合观是将地球表层作为一个整体来看待，并能从整体性和相互关联中来认识和观察世界：考察地球表层整体与各部分，以及部分之间的协同性；认识其中的因果关系；找出起决定性的主导因素在整个地球系统中的作用。在用综合观来认识世界时要注重过程的综合及多层次的综合，既要实现地球表层环境的动态综合，也需要实现环境—社会、人类—社会的动态综合。

（案例来源：由北京教育学院曾早早提供）

【举例说明 10】　　知识的层级结构

例如，高中地理“锋面天气系统”，该课教学内容知识的层级结构如下：

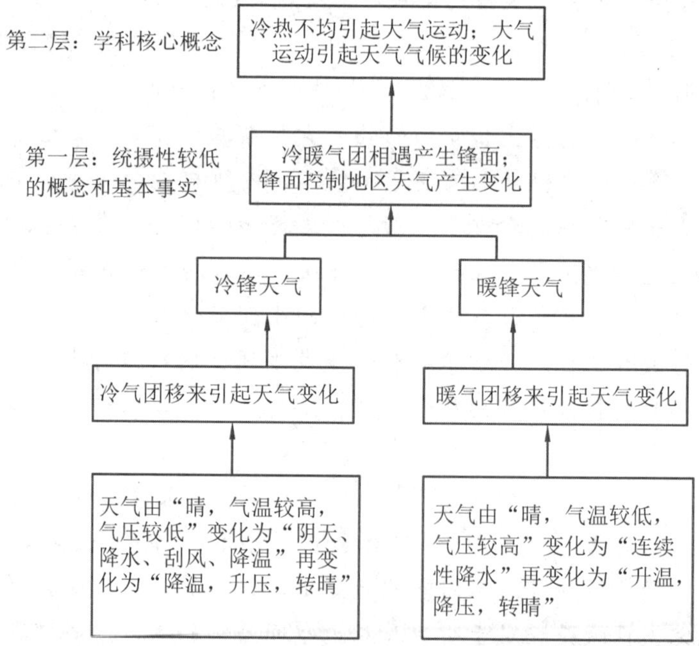

这种由事实到核心概念的知识结构要求教师，在教学时要进行超越事实的教学，不是一味地强调学生对学科事实的机械记忆，而是在占有必要事实性知识的基础上引导学生建构核心概念，透过现象看本质，发展学生对学科本质的深层次理解。

（案例来源：由北京教育学院李春艳提供）

5.2 具有较强的实验（实践）能力，善于发掘实验（实践）的教育价值。

【内容要点】

学科实验和学科实践是产生学科知识的重要过程，也是学生学习新知识、培养创新精神和实践能力的重要内容和方式。教师具有较强的实验能力或者实践能力不仅有利于更好地完成学科教学，而且还有利于实现学科教学价值的最大化。教材中的每一个实验或者实践活动都是经过专家精心设计的，有着特定的教育和教学价值，比如知识价值、方法价值和情意价值等，教师需要认真研究每一个实验或实践活动在特定情景下的价值，提高教学内容的利用率。

5.3 熟悉任教学科的发展简史和前沿成果，并将其应用于学科教学。

【内容要点】

在教学过程中适时渗透学科史和学科前沿教育可以帮助学生了解学科发展历程，感悟学科的价值，激发学生的认同感；可以让学生了解科学家的成长历程和科学事件的来龙去脉，展现榜样的力量，激发学习兴趣；可以帮助学生拓展学科视野，领悟学科研究中的思想与方法，激发学生求知的欲望；可以让学生树立实事求是、一丝不苟的治学态度。

具体做法例如：(1)教师可以根据教学内容把学科史和学科前沿设计成教学情景，激发学生学习的兴趣；(2)教师可以把学科史和学科前沿设计成问题引发学生的认知冲突，激发学生探究的欲望，让学生体验科学家的探索过程，从而掌握学科方法；(3)教师还可以把学科史或者学科前沿设计成练习题，要求学生应用已学的知识进行解决；(4)教师还可以把它们作为阅读资料提供给学生，拓展学生的学科视野。

当然，在教学过程中利用这些素材的方式很多，但是它们的重要性是毋庸置疑的。学习学科历史人物的工作事迹，有利于培养学生严谨的治学态度；学习经典的历史事件，可以帮助学生揭示出学科思想和学科方法；学习学科史还有利于培养学生奋发图强的爱国主义精神，培养学生利用辩证唯物主义观点认识自然界的能力。

【举例说明 1】① 物理史在“天然放射现象”教学中的应用

人教版高中物理课本第三册在“天然放射现象”一节中对有关贝克勒耳和居里夫人的贡献作了一个极其简单的介绍，大部分教师的教学重点是衰变和衰变的方程以及有关半衰期的计算(当然这也正是高考的重点内容)，学生对这部分内容的学习主要是记忆，较为枯燥，这样教学就失去了物理教育的功能。学生的学习不仅仅是为了高考的需要，把知识纯粹功利化。笔者在教学中采取了如下的方法。

课前布置作业：

(1)利用网络查找有关贝克勒耳的史料及其贡献。

(2)利用网络查找居里夫人的生活经历。

以上两个问题可以培养学生收集信息，加工信息的能力。

授课过程：

首先，由学生自己介绍有关贝克勒耳是如何发现天然放射现象的，是什么原因促使他对这一问题的关注。

其次，由同学来讲述居里夫人又是怎样开始着手研究这一现象，对居里夫人其间经历的困难有何感想(随便发言)。

再次，居里夫人的研究成果(介绍两种放射性元素及相关衰变方程等有关知识，本部分内容是本节的重点，要通过板书来突出)。

最后，评价交流。最后由学生来论述居里夫人发现放射性元素的意义以及对现代生活的重要性。

布置课后作业：以“怀念居里夫人”为题写一篇作文。

【举例说明 2】 学科史重在帮助学生理解知识的形成过程

求真是古今中外的科学家在探索和追求真理的长期实践中形成的一种

① 范旺：《利用物理学史培养高中生的非智力因素》，内蒙古师范大学硕士论文，第27页，2009。

精神气质，是整个科学文化系统的核心与灵魂。科学作为探索真理的过程，造就了人类文化中一种独特的人格品质。它包含敢于自我否定的批判精神和勇于超越现状的创新品格，正是科学的批判精神推动了科学知识的增长。

追溯科学概念发展的历程，我们可以得知人类如何扬弃糟粕，如何精炼出颠扑不破的“理论”。例如古希腊的著名哲学家亚里士多德(公元前384—前322)借由他观察所得的事实，发现落下的物体中，重的物体(如石块)总是比轻的物体(如鹅毛)先着地，一如我们在生活中筛一盆轻重混杂的石砾，也总是重的沉底、轻的浮面。于是他提出“重物比轻物先落地”的想法(理论)。这个理论一直被沿用，直到伽利略(公元1564—1642)对轻重不同铁球的重力加速度作准确的度量之后才发现“所有的物体受到地球引力的作用，落下的加速度都一样，它们之所以落地时间不同是因为落下时受到空气阻力的大小不同的缘故。”于是，人们重新以这个观点来诠释所有的自由落体现象。

有关天体运动的轨迹，早期的人们都认为应该是圆的，一直到开普勒(公元1571—1630)利用第谷(公元1546—1601)对行星运行轨道长期观测的数据进行艰苦的归纳、整理之后，才提出行星运动轨道是椭圆的。椭圆的引入给希腊古典天文学画上了句号，天体作完美的匀速圆周运动的概念被抛弃，太阳成了引导行星运动不息的力量源泉。但开普勒所发现的行星运动规律还是没有解决行星为什么绕太阳做规则运动，也正因为如此才直接导致了对新物理学的寻求，伽利略和牛顿才最终将近代物理学和近代科学引上了历史的舞台。

科学教育要使学生以人文的视角更好地理解科学的产生过程，而不是简单地将科学原理作为教条和公式灌输给学生，那是一种“无思想的科学”，是对科学思想的漠视。学习和认识科学知识体系，需要从产生科学知识的文化背景及其哲学观念入手，向学生全方位地展示人类科学探索的生动过程，包括当时的社会思想文化与科学家的人文修养，也包括探索过程中的成功与挫折的体验。

（案例来源：由北京教育学院何妮妮提供）

5.4 熟悉任教学科与其他学科以及STS之间的联系，能够在相关内容的教学中进行渗透。

【内容要点】

引导学生从科学角度认识学科，让学生认识到自然界是一个统一的整体，自然科学中的物理学、化学、生物学等各门学科，其思想方法、基本原理、研究内容有着密切的联系。理科教学不应仅仅局限于课堂教学和书本知识的学习，还需要通过多种形式与课内外、校内外的活动紧密结合，让学生广泛接触生活和社会，体验学科与科学、技术与社会的关系，冲破传统的封闭式课堂教学模式，在教学时间上和空间上都必须实行开放式的教学，形成学生自主参与、开放、灵活的教学方式。

【举例说明1】　　科学与数学的联系

小学科学课在观察植物时可以发现植物叶子，千姿百态，生机盎然，给大自然带来了美丽的绿色世界。尽管叶子形状随种而异，但它在茎上的排列顺序(称为叶序)，却是极有规律的。从植物茎的顶端向下看，经细心观察，发现上下层中相邻的两片叶子之间约成137.5°。如果每层叶子只画一片来代表，第一层和第二层相邻两叶之间的角度差约成137.5°，以后二到三层，三到四层，四到五层……两叶之间都成这个角度数。植物学家经过计算表明：这个角度对叶子的采光、通风都是最佳的。叶子的排布，多么精巧！其中的奥秘就在于一周是360°，而360°－137.5°＝222.5°，137.5°∶222.5°≈0.618。这就是“密码”！叶子的精巧而神奇的排布中，竟然隐藏着0.618的比例。0.618是被公认为最具有审美意义的比值，是最能引起人的美感的比例，因此被称为“黄金分割”。黄金分割具有严格的科学性、艺术性、和谐性，蕴藏着丰富的美学价值，科学美的实质在于反映自然界的和谐，于是黄金分割律作为一种重要形式美法则，成为世代相传的审美经典规律。

法国数学家彭加勒曾经写道：科学家之所以研究自然，不是因为这样做很有用。他们研究自然是因为他们从中得到了乐趣，而他们得到乐趣是因为它美。科学教育应该注重营造科学活动内部的审美文化氛围，培养学生体验、感悟科学之美。

（案例来源：由北京教育学院何妮妮提供）

【举例说明 2】 “水资源的合理利用”与 STS 间的联系

高中地理课程标准在自然地理部分第四条“自然环境对人类活动的影响”提出：“以某种自然资源为例，说明在不同生产力条件下，自然资源的数量、质量对人类生存与发展的意义”。据此，人教版地理必修 1 第三章“地球上的水”共 3 节内容，前两节主要是从不同的空间(陆地、海洋)介绍人类赖以生存和发展的“水环境”的特点，第三节“水资源的合理利用”侧重于阐明人与水的相互关系。有教师对这一节所做的知识结构层次分析为(知识的上下位关系)：

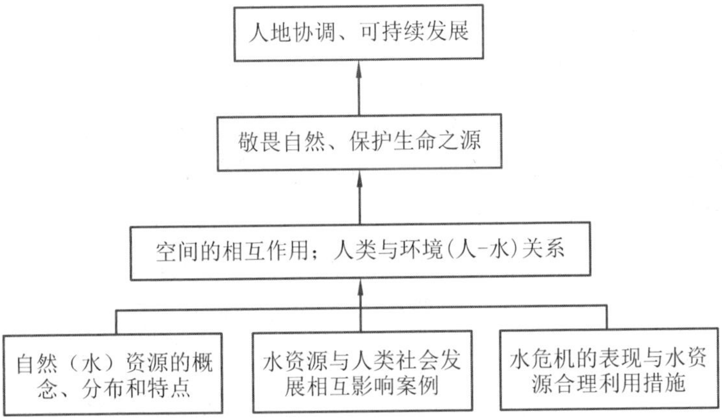

作为高中地理，对水资源和水资源与人类社会发展相互影响的认识，其上位观念除了表现为人地关系外，水资源对社会的影响，特别是对全球的影响更多表现为人与人、国与国、地区与地区之间的关系，水资源已成为当今世界发展中的稀缺资源，水资源的利用在一些地区已引发资源的争夺，甚至引发地区或国家之间的政治冲突。水资源短缺已经成为严重的全球性问题之一，水资源的利用问题绝不仅仅是局部地区解决人地关系的问题，也不是世界各国达成节水、合理利用水资源的共识就能解决的问题。在地理教学中培养学生的可持续发展观念和全球意识，既要解决好人地协调的问题，在上位观念的提升上还应有解决好可持续发展中“人与人”的关系(地区或国家间的和谐共济、共同发展)问题，这是可持续发展的核心，也是高中地理中有关可持续发展教育易被忽略的问题。

（案例来源：由北京教育学院何妮妮提供）

标　准	结果指标
6. 关于学生的知识	6.1　熟悉有关学生发展和学习心理的各种理论知识，能够恰当地用其指导学生的理科学习。 6.2　熟悉学生研究的内容和方法，合理把握学生的发展需求。

6.1　熟悉有关学生发展和学习心理的各种理论知识，能够恰当地用其指导学生的理科学习。

【内容要点】

中小学阶段的理科教学要特别关注直观性、量力性、循序渐进和因材施教等原则。所以，在实际教学过程中，很多有智慧的教师将理科教学与学生认知发展规律紧密结合起来，采取有效的教学策略引导学生有效学习；也会注意积累一些策略性知识丰富自己的知识结构，比如，设计有梯度的问题情境，使用生动直观的教学媒体，开展实验探究活动等。

【举例说明 1】　发展学生的生物学科思维能力

生物学科的知识繁杂，如何帮助学生获得更多知识以及实现知识价值显得尤为重要，能力是关键。例如，生物学科能力包括自学能力、观察能力、思维能力以及动手操作能力，其中培养思维能力是核心。教师需要引导学生从一系列生物事实中抽象出概念，同时又能将概念具体化(举例)，这是思维相互渗透的两个过程。如通过观察大量的苹果、梨、杏得出蔷薇科花和果实的特点，还能扩展到月季、海棠等蔷薇科植物。生物学科的知识点多，涉及面广，跨度大(如 DNA 的结构需要生物、物理和化学知识)，现实性强。通过思维能力培养，可训练学生从纵、横贯串知识，形成知识的系统性，拓宽学生思维，提高学生理解、应用知识的能力，为培养开拓型人才打下良好的基础。

(案例来源：由北京教育学院杨青青提供)

【举例说明 2】　在“质量守恒定律”探究活动中使用问题策略

问题是教与学的关键驱动力，可以促使学生积极参与到学习中去，并在探究活动与更深层次的、概念性理解之间架设一座桥梁。问题框架设计的基本原则有两个：一是问题要与实验探究环节相吻合；二是要保证问题间的阶梯性和连续性。基于上述原则，问题框架设计的方法是，先梳理出"质量守恒定律"探究活动的必要环节，再把每个探究环节转化成概括性较强的问题，形成一个问题线索，这个线索只是作为教师设计探究活动的一个思路，不需要讲给学生。最后再在线索问题的基础上进行解构，生成出实际的教学问题。在"质量守恒定律"探究活动中的问题框架见下表：

探究环节	线索问题	实际问题
1. 猜想假设	1. 化学反应前后物质的质量有无变化呢？	当物质发生化学变化并生成新物质时，反应物的质量之和与生成物的质量之和存在什么关系？
2. 方案设计	2. 如何设计实验验证你的猜想呢？	(1)要想知道物质的质量变化，在实验中需要用到什么仪器？如何使用它呢？ (2)请根据提供的药品设计一个简单的实验来验证你的猜想。 (3)请其他同学评价一下上述实验方案是否合理？ (4)请试着写出实验中化学反应的文字式。
3. 实验验证	3. 根据方案进行实验。	请根据确定的实验方案进行实验，观察实验现象，记录实验数据。
4. 汇报结果	4. 你的实验结果是什么？	(1)请描述反应物和生成物的状态及其变化情况。 (2)请描述实验中观察到的质量变化情况。
5. 得出结论	5. 通过实验结果你能得出什么结论？	(1)实验结果能够直接证明你的猜想吗？为什么？ (2)请根据文字式查找化学反应前后质量发生变化和没有发生变化的各个物质。 (3)通过上述分析你能得出什么结论？

（案例来源：由北京教育学院王钦忠提供）

【举例说明3】 成败归因引导策略

中学阶段的理科教学不仅仅要传承知识，发展学生的抽象逻辑思维，更要着重对学生进行科学教育，帮助他们成为成熟、稳定的社会人。对于学生的评价、对于学生的成败归因的引导就格外重要了。

比如，一位化学老师给学生的作业是这样批的："你期中考试成绩不怎么理想，但你并没有灰心丧气，常见你抓紧时间埋头攻读的身影，这两周里你有了明显的进步：这两次方程式的小测验你全都答对了。今后要继续努力。"短短几句话，这位老师利用批改作业的机会对学生进行了鼓励。

再如，有一位初三老师特别注重对学生每次考试成功、失败的归因引导。这位老师在每次月考后都要找考得特别好和考得不好的学生聊天。问问他们成功或失败的原因，帮助他们进行分析，并想办法把学生的成败归因引导到他们的努力程度上。

很多有智慧的老师利用课堂的即时评价、作业和日常跟学生交流的机会对学生的学习进行反馈，这些反馈有的记录着学生的点滴进步，有的蕴涵着学生对自己成败的再次审视，但共同的地方在于把学生当作成人，尊重学生；在于共同的目的——促进学生的发展。

（案例来源：由北京教育学院张莉娜提供）

6.2 熟悉学生研究的内容和方法，合理把握学生的发展需求。

【举例说明】 "磁场和磁现象"学生情况分析

虽然，学生在初中阶段已接触到有关磁场的基本知识，了解了磁性、磁体和磁极的概念，知道磁极之间的相互作用规律；学生在生活中对磁铁及磁现象也有一定的了解。本节课要引入"磁场"的概念，但是磁场之间的相互作用是抽象的、不可视的，学生理解起来有点难度；大部分学生可能知道电与磁有关系，但是还没有认识到电与磁的本质关系，没有形成透过实验现象看本质的抽象思维能力。学生对磁场在现实生活中的应用是比较感兴趣的，可以通过多媒体手段展示一些图片或者视频，让学生了解地磁场、太阳的磁场和自然界的一些现象的联系，满足学生获取新知识的需求。

（案例来源：由北京教育学院王钦忠提供）

标 准	结果指标
7. 关于课程的知识	7.1 整体把握任教学科的课程标准，并努力实践课改中倡导的价值与行为。 7.2 整体把握任教学科教科书的体系及内容，能够创造性地使用教科书。 7.3 能够开发和利用实验、网络媒体、生活素材和其他教辅材料等课程资源。

7.1 整体把握任教学科的课程标准，并努力实践课改中倡导的价值与行为。

【内容要点】

这个发展阶段的教师应该能够从整体上把握任教学科的课程标准，熟悉课程的知识体系和技能发展体系，掌握课程内容的核心知识和核心技能；能够理解课程内容的基本结构及其内在联系；能够厘清课程标准与教科书和考试说明的关系；能够领悟课程理念在内容标准中的具体体现，针对教学对象进行具体分析，设计合理的教学目标；能够准确把握内容标准的层次要求，设计合理的教学活动和评价内容等，并在具体内容的教学实践中把课程标准作为行动的纲领。

7.2 整体把握任教学科教科书的体系及内容，能够创造性地使用教科书。

【内容要点】

随着教学经验的不断丰富，教师应该形成整体把握教学内容的能力。在把握教科书时，要关注教科书对关键内容的选择、组织和呈现形式，以及教科书的设计思路和依据，从主题或者单元的角度分析具体的教学内容，统筹规划教学任务和教学目标。

创造性地使用教材是建立在对教科书整体把握的基础之上的，具体体现在以下几个方面：(1)教师能够科学地解释和评价教科书，批判性地使用教科书；(2)根据教学需要，教师可适当压缩、精选教学内容或者调整教学顺序；(3)教师根据教学需要可以补充教科书以外的内容和实验；(4)在具体内容上，教师可以打破学科界限紧密联系其他学科的教科书。

在新课程背景下，不同版本的教科书都是可资利用的课程资源。教师不应该将眼光仅仅局限在自己使用的教科书上，而应该有比较研究的意识，并且能够运用课程组织的理论知识比较分析当前任教学科某一学段不同版本教科书的内容选择及组织结构。有了比较，就能更清晰地看到教科书的优点及不足，便于教学中扬长避短，从而取得更好的教学效果。

7.3　能够开发和利用实验、网络媒体、生活素材和其他教辅材料等课程资源。

【举例说明】　　“密度”教学中生活素材的使用

在课堂教学中，充分利用学生生活中常见的生活素材有利于学生理解学科概念，帮助学生把学科知识与生活紧密结合起来。比如，初中物理“密度”一课中一个演示实验：

教学目标：理解密度的概念。

实验用品：2个相同的矿泉水瓶，水，花生油，质量相同的钢珠和蜡球，天平。

实验操作：

(1)向2个矿泉水瓶中分别注满水和花生油，拧上盖子，然后分别放在已经调节好的天平两端，观察天平是否平衡。

提问：为什么体积相同的不同物质，它们的质量不相同？

(2)把钢珠和蜡球分别放在调节好的天平两端，观察天平是否平衡。

提问：为什么体积不同的不同物质，它们的质量却又相同？

追问：你在生活中还见过哪些类似的现象？

深化：同种物质质量和体积的比值是否与体积或质量有关呢？

组织实验探究：引导学生设计实验方案，探究同种物质的质量与体积的比值是否与体积或质量有关。

（案例来源：由北京教育学院丁友福提供）

标　准	结果指标
8. 关于教学的知识及学科教学知识	8.1　熟悉任教学科的教学论知识，并将其用于指导日常的教学。 8.2　熟悉有关任教学科的一般教学过程，能够根据实际情况对教学目标、教学内容、教学策略、教学媒体、教学评价等进行优化。 8.3　重视实验(实践)教学，提升实验(实践)教学能力。

8.1 熟悉任教学科的教学论知识，并将其用于指导日常的教学。

【内容要点】

这个阶段的教师应该对任教学科的教学论比较熟悉，深入研究教学理念、教学理论、教学原则和教学策略与方法等相关知识在学科教学中的应用，正确把握任教学科的教学规律，在教学过程中试着从教学论层面设计和实施自己的教学，从而使教学活动具有一定的系统性和科学性。

8.2 熟悉有关任教学科的一般教学过程，能够根据实际情况对教学目标、教学内容、教学策略、教学媒体、教学评价等进行优化。

【内容要点】

优化教学是指通过改革创新而达到教学的最佳状态，当前我国在课程与教学改革中应坚持的优化教学的基本标准是：个人全面发展、多快好省、真善美统一。可以大体归纳为三个基本策略：遵循教学规律、开展教学实验与教学改革、发挥人的主体性①。对于本阶段的教师，要重点关注课堂教学过程的优化，致力于优化教学目标、优化教学内容、优化教学媒体、优化教学流程、优化教学策略等，使教学过程成为在教师指导下的全体学生自主探究和自主建构的过程，从而使学生在知识和技能、过程与方法、情感态度价值观等方面得到全面发展。

8.3 重视实验(实践)教学，提升实验(实践)教学能力。

【内容要点】

对于物理、化学、生物和科学教师来说，应该重点关注实验教学，要善于操作实验，研究、改进和创新实验，力求实验更易操作、效果更明显、现象更有趣；分析和挖掘实验的教学价值，最大限度地体现实验的教育功能；学习和总结有关实验的教学方法，切实提高实验教学能力。

对生物和地理学科来说，实践教学是巩固学科知识和加深对学科认识的有效途径，是培养学生掌握科学方法和提高动手能力的重要平台。教师要重视学科实践教学，建设合适的、多样化的实践基地；设计合理的实践方案，加强实践教学的考核；强化实践教学各个环节的组织和管理，加强安全教育等。

---

① 王本陆：《优化教学：概念·标准·策略》，载《课程·教材·教法》，2004(1)。

标　准	结果指标
9. 科学与人文素养	9.1　熟悉科学研究的过程与方法，具有较高的科学素养，有培养学生科学素养的意识和行动。 9.2　具有积极向上、关爱他人的人文态度，形成一定的人文素养，有培养学生人文素养的意识和行动。 9.3　具有一定的信息素养，能够获取、处理和利用信息，满足教学需要。

9.1　熟悉科学研究的过程与方法，具有较高的科学素养，有培养学生科学素养的意识和行动。

【内容要点】

科学素养的形成是一个长期积累的过程，这种积累伴随着生活、学习、工作的方方面面，教师职业特点决定着教师科学素养形成的具有自主性、阶段性、情景性等鲜明特点。这个阶段的教师应该在积累科学知识的基础上，深入科学研究的过程与方法，感悟科学本质和科学探究的实质；在提升自身科学素养的同时，还要具有培养学生科学素养的意识和行动，在教学实践中不断寻求自身科学素养发展和完善的机会。这是一个相互促进的过程，最终的结果是取得双赢。

9.2　具有积极向上、关爱他人的人文态度，形成一定的人文素养，有培养学生人文素养的意识和行动。

【内容要点】

积极向上、关爱他人是这个阶段的教师应该具备的一种人文态度，在教学中直接体现为实施以学生为本的教学，尊重学生的差异，关注学生的全面发展。在新课程实施的今天，教师角色要由知识的传授者转变为学生学习的促进者和学生发展的引导者，因此，教师在提高自身人文素养的同时也要具有培养学生人文素养的意识和行动，用自己的实际行动感染和教育学生。

9.3　具有一定的信息素养，能够获取、处理和利用信息，满足教学需要。

【内容要点】

信息素养应包括三个层面：文化素养(知识层面)、信息意识(意识层面）、信息技术（技术层面）。这个阶段的教师需要进一步提升自己的信息素养，在三个层面上得到全面发展。因为，良好的信息素养有助于教师更好地获取、处理和利用教学信息，更好地组织教学资源进行教学设计，从而更好地适应课程改革，满足学生日益增长的学习需求。

维度二　专业实践

领域三　促进学生的学习与发展

标　准	结果指标
10. 创设良好的学习环境	10.1　能够根据学科特点和学生特点，布置安全、友善的物质环境。 10.2　能够创建和谐、健康的人际环境，营造具有学科特点的学习氛围。

10.1　能够根据学科特点和学生特点，布置安全、友善的物质环境。

【操作要点】

创设具有学科特点的，安全、友善的物质环境是学生开展学习和健康成长的基本保障。其主要包括：

（1）布置安全、友善的教室环境，根据学生特点和学科特点布置教学和实验设施。其中包括教室桌椅布局，灯光照明，仪器设备摆设，室内装修，卫生环境，实验室安全设施等。

（2）制定明确、规范的教室管理制度，在教室中设置体现学科特色的标语或宣传画。

10.2　能够创建和谐、健康的人际环境，营造具有学科特点的学习氛围。

【操作要点】

创建学生学习的和谐、健康的人际环境包括：

（1）能够关注到每个学生的个性特点、学习状况和需求。

（2）能够采取有效措施鼓励不同学生之间互相帮助。

（3）能够关注到学生中的弱势群体，并倡导全体学生提供帮助。

(4)能够尊重学生的个性和隐私。

(5)能够和学生建立融洽的师生关系。

学生的学习兴趣和探索欲望对于理科学习至关重要，这就需要营造具有学科特点的学习氛围，教师要在以下几个方面作出努力：

(1)营造和谐、宽松的环境，尊重和保护学生的好奇心和探索精神。

(2)精心设计教学内容，诱导学生展开想象，启发学生的创造性思维。

(3)创造或提供必要的实践机会，培养学生的动手能力和创造能力。

(4)采用科学的评价方式，鼓励学生求异思维，对学生的积极表现给予及时肯定。

标　准	结果指标
11. 设计合理的教学方案	11.1　能够进行完整、规范的教学设计。 11.2　能够整体把握教材，善于挖掘教学内容的教学价值，能够提供教科书之外的学习资源。 11.3　能够根据学情分析，准确把握教学难点，从学生的问题出发展开教学。 11.4　能够基于课程标准、学习内容、学生情况等设计教学目标，并能进行准确表述。 11.5　紧扣单元教学目标，设计符合学生认知规律的单元教学过程和教学活动。 11.6　熟悉不同类型知识(事实性知识、概念性知识、原理性知识、技能性知识)的特点和学习策略，能根据学生的认知发展水平采取恰当的教学策略，帮助学生学会知识。 11.7　能够依据教学目标设计多种形式的评价方案，关注学生的学习过程和结果。

11.1　能够进行完整、规范的教学设计。

【操作要点】

教学设计是对教师、学生、教学内容和教学媒体的合理安排，是教师追求教学效果最大化的体现。进行完整、规范的教学设计，不仅有利于教学工作的科学性和教学质量的提高，而且还有利于教学理论与教学实践的融会贯通，最终有利于促进教师的专业化发展。一份完整、规范的教学设计应该包括以下几个部分：教学内容分析、教学对象分析、教学目标设计、教学重难点的确定及突破策略、教学结构图、教学过程设计、教学板书设计、教学评价设计和教学反思等。

11.2 能够整体把握教材，善于挖掘教学内容的教学价值，能够提供教科书之外的学习资源。

【操作要点】

广义的教材指课堂上和课堂外教师和学生使用的所有教学材料，狭义的教材指教科书，在某些情况下也包括与教学内容密切相关的其他资料，如实验、实物、练习册、视频或图片。所谓“整体把握教材”，就是把握教材的整体结构，把教材作为一个完整的不可分割的统一体，对教材获得全方位的认知与感悟。通读教材，理解单元教学内容，厘清整体与部分的关系；细读单元，明确知识点，弄清新旧知识联系点，分析新旧知识的结合点；研究与教材内容密切相关的其他教学资源，这些是进行教学设计的必要前提。

对教学内容的教学价值分析和挖掘是新课程教学设计的重要要求，也是教学活动设计的重要依据。挖掘教学内容的教学价值，就是要分析和挖掘这部分内容在教材中的地位和作用，以及对学生后续学习的影响，对学生认知结构、技能、思维培养等的作用。

【举例说明1】 “碳和碳的氧化物”教学内容的价值分析

人教版九年级化学教科书第六单元“碳和碳的氧化物”的教学价值体现在以下几个方面①。

(1)丰富对物质多样性的认识

本单元中涉及由碳元素组成的一系列物质，如碳的多种单质、氧化物及碳酸、碳酸钙等，一方面是物质组成与分类、物质多样性的具体体现；另一方面，碳的多种单质、一氧化碳与二氧化碳等内容，反映了同一种元素可以组成不同的单质，相同的两种元素可以组成不同化合物的化学观念，加深了对物质的组成与结构、物质多样性的认识。

① 何彩霞：《初中化学课堂教学设计》，第13～14页，北京，同心出版社，2007。

(2)初步形成结构决定性质的化学学科思想

由碳的几种单质的性质与用途的比较、一氧化碳与二氧化碳的性质的比较，初步建立物质的组成与结构特点决定物质的性质，物质的性质是结构特点的反映；物质的性质影响用途，物质的用途反映出物质的一定性质等化学学科思想。

(3)加深对实验室制取气体有关知识的理解

初步学习运用简单的装置和方法制取某些气体，是初中化学学习的基本实验技能。二氧化碳制取的探究，是在氧气制取的基础上的拓展和加深。

(4)学习“对比”科学方法

本单元教材内容的编排思路，蕴涵着“对比”这一科学方法的学习。如碳跟氧气的反应，实验条件不同，反应产物也不同。通过对照、比较，可以找出不同物质性质的共同点和不同点。寻找共性可以建立物质之间的必然联系；而发现特性是为了不同物质之间的区别，从而理解物质的鉴别方法以及不同物质在一定条件下相互转化的原理。

(5)认识化学知识与社会生活实际以及工农业生产的联系

碳元素与人类关系密切，金刚石、石墨、一氧化碳、二氧化碳、碳酸钙是生活中常见的物质。一氧化碳有损健康，二氧化碳对环境有影响等。木炭和一氧化碳的还原性在实际生产中可用于冶金工业，与后续学习内容“第八单元 金属和金属材料”有联系。这些内容的学习，可以有意识地引导学生从多个角度对有关的问题作出价值判断。

(6)进一步体会元素化合物知识的学习方法

本单元是初中阶段唯一较为全面研究元素化合物知识。在此之前，学生通过有关 O_2 知识的学习，对化学上研究某一具体物质的一般思路已有了初步了解。本单元的重点是引领学生从单一物质的学习向含有同一元素的多种物质的学习迈进，帮助学生初步把握物质间的联系，找寻物质间的转化规律，使学生对元素化合物知识的学习方法有一个更加清晰的认识，初步建立物质的转化观。

因此，学生学习本单元，不仅仅是获得知识与技能的提高，更重要的是过程与方法的领悟和学科观念的初步形成。这是本单元教学目标的定位所在。

（案例来源：由北京教育学院何彩霞提供）

【举例说明 2】 “机械效率”教学内容的价值分析

以初中物理“机械效率”概念为例说明如何挖掘教学内容的教育价值。

课程标准要求“知道机械效率。了解提高机械效率的途径和意义。”作为中考的考点，很多教师都比较重视，但如果教学仅停留在知识层面而没有充分地挖掘其方法价值和情意价值，显然是不足的。教师可以借鉴《义务教育物理课程标准解读(2011 年版)》中对教育价值的挖掘和提炼。例如，机械效率与我们的生活息息相关，效率的概念已经广泛应用于生活、社会和科技问题中，通过对使用机械做功的实例分析，了解有用功和额外功，知道机械效率的物理意义，定义式，了解实际的机械效率不可能是 100%；通过测定某种简单机械的机械效率，让学生在实验中进一步直观地、形象地了解有用功、额外功及机械效率的含义，以及提高机械效率的方法。通过实验和实例，知道提高机械效率的实际意义和途径，有合理改进机械提高效率的意识，增强将科学服务于人类的责任感。

(案例来源：由北京教育学院张芳提供)

11.3 能够根据学情分析，准确把握教学难点，从学生的问题出发展开教学。

【操作要点】

要根据教学内容的特点和学生的知识基础来确定教学难点。一般来说，难点的产生原因是由于知识本身抽象、容易混淆不便记忆、复杂难以理解等。教学难点具有两重性，一方面它可能成为学生学习的分化点，部分学生因此产生畏难情绪；另一方面它又是学生智力的开发点，是训练学生思维的优质材料。要针对学生的认知基础和发展需要，从学生的问题出发展开教学，采用相应的突破难点的策略和方法。

【举例说明 1】 “地球自转引起的昼夜变化”难点突破策略

依据教学目标设计教学进程时，特别需要关注的是如何将学科逻辑转变为学生的心理逻辑，以此提升学生对所学知识的理解力。

小学科学“地球自转引起的昼夜变化”一课，如按学科逻辑展开应该有：地球自转运动的特点(中心、方向、周期等)；地球自转运动产生的昼夜交替现象(昼夜交替的方向、周期等)。这是一个空间尺度宏大、时间存在变化的运动过程，对于学生来说空间的、运动的、变化的都是不容易理解的难点内容，教学中需要教师在教学内容的处理上设计支架帮助学生建立起容易理解的认知过程。因此，教师在教学中要将学科内容逻辑转化为学生认知心理逻辑，这样，本节课的教学内容可处理为：地球自转—昼夜现象—地球自转运动产生了昼夜交替现象。中间增加的“昼夜现象”知识的教学，就是为了学生认识昼夜交替现象产生的内容支架，帮助学生轻松理解所学的学科知识内容。

（案例来源：由北京教育学院李春艳提供）

【举例说明2】 “地球运动产生了昼夜交替现象”难点突破策略

教学的本质是以知识为载体的人际交互。人际交互的起点是学生的原有认知。学生对新知识的原有认知差异很大，这给新课教学带来很大难题，真正的教学难点恰是由于学生原有认识或接受新知识后构建的新认知是错误的，导致学生在运用知识解决问题时出现困难或问题。基于此，突破难点的最好办法就是诊断学生对新学内容的原有认识是什么样子的。

“地球运动产生了昼夜交替现象”是小学科学、初中地理、高中地理共有的教学内容，因为这是一个天文尺度、伴随着时空运动变化规律在里面的内容，这样的内容很难通过学生日常的认知途径(接触、感知为主)直接获得，因此学生在此方面的经验多是从生活的零碎感受、静态的文字图表、教师讲授等途径获得，这对于学生弄清楚超越地球尺度的空间、宇宙参照系中的地球运动以及不同时间尺度的变化规律是一件很难的事情。

因此，学生在此内容的学习过程中原有认知差别很大、思维活动复杂、对新知识的认识水平差异明显，这就需要教师采取特别的办法，诊断学生原有认识是什么样的，面对新知识是怎么想的，只有这样才能判断到底学生在这部分内容学习时容易出错的真正原因所在。

为了突破此学习难点，某高中地理教师采用了让学生“做出来”“画出来”“说出来”的教学策略，使每个学生在此过程中暴露前认知，包括前态度、前方法、前知识等，以此诊断学生的真正症结所在，帮助准确选择教学的落脚点，轻松突破教学难点，教学效果显著。

（案例来源：由北京教育学院李春艳提供）

11.4 能够基于课程标准、学习内容、学生情况等设计教学目标，并能进行准确表述。

【举例说明1】 人教版初中化学“元素”第二课时教学目标设计

1. 教材及课标相关内容分析

“元素”是初中化学课程中的一个重要概念，也是初三学生接触化学概念以来较为抽象的概念。本节课是“元素”第二课时，主要学习根据元素组成特点对纯净物进行归类。课标要求理解单质、化合物、氧化物的概念，考试说明要求能够从组成上识别氧化物，区分单质、化合物、有机物和无机物。基于上述要求，本节课的重点内容是建立单质、化合物和氧化物的概念，并能对常见物质按此进行归类，认识常见有机物。对纷繁复杂的物质进行分类，是化学研究物质常用的方法，是学生学习后续碳及其化合物、酸、碱、盐等知识的基础。

2. 学生分析

(1)学生已有的认知基础

学生在学习本节课之前已经完成了原子、元素及元素符号的学习，已经认识纯净物和混合物的区别，基本能够区分纯净物与混合物，知道物质是由元素组成的，掌握纯净物元素组成的描述，体会到纯净物有多样的元素组成情况，生活中有金属、非金属的认识。这些认知都是本节课学习内容完成的良好基础。

(2)学生学习本课的困难或障碍

由于学生先学习混合物、纯净物和元素的概念，有些学生就遇到了区分“一种物质”和“一种元素”的障碍，进而就不能准确区分纯净物与单质、混合物与化合物。再就是各个概念是割裂的，不能建立起概念间的联系。

(3)学生认识发展的可能性分析

学生通过对纯净物的再认识、对纯净物的元素组成分析，建立单质、化合物、氧化物的概念，能对所学物质进行准确的物质分类，并在此过程中逐渐建立起概念间的联系，形成知识体系。

3. 教学目标设计

(1)知识与技能：能够将已学物质按混合物、纯净物、单质、化合物、氧化物进行准确归类，从组成元素的角度将这些概念联系起来，明确概念之间的并列、交叉和包含关系。

(2)过程与方法：通过思维可视化过程建构概念；用对比的方法获取化学信息；用寻找规律性和特殊性的方法处理化学信息。

(3)情感态度价值观：体会分类的思想，学会从组成的角度认识自然界中的物质。

（案例来源：由北京教育学院王钦忠提供）

【举例说明2】 “机械效率”知识目标的设计

以初中物理“机械效率”概念教学的目标设计为例。

1. 对课程标准及学习内容的分析

课程标准要求学生“测量某种简单机械的机械效率。”机械效率是初中物理中非常重要的概念。引入机械效率这个物理量的目的，是要定量地描述一个机械所做的总功，有用功所占的比例，而有用功与总功的比值正好能够表示出这一量的规定性。需要注意的是，机械效率虽然用有用功与总功的比值定义，但决定一个机械的效率大小的并不是功，而是由机械本身的内部条件决定的，对于给定的机械，在影响机械效率的因素(如摩擦)不变的情况下，这个比值不随做功多少而变化。因此，对机械效率这一概念的理解关键在于对机械的理解。这一分析表明，教学的落脚点应该在“机械”，而非对机械效率的定义本身。

2. 学生情况分析

学生已经认识简单机械，建立了功的科学概念；有对“效率”这一生活概念的认识，这一前概念对于学生形成科学概念有促进作用。例如，学生知道有用功较大的机械性能好，这就为机械效率概念的引入提供了认知基础。但在前面章节的教学中，在讨论杠杆、滑轮、斜面等问题时都没有考虑摩擦，也没有考虑机械效率，所以本节课教学的关键是，让学生弄清楚简单机械工作时的有用功和总功。学生容易混淆的概念：在人教版和北师大版两个版本的教材中，虽然功率和机械效率前后顺序不同，但是功、功率和机械效率三个知识点顺次编排。这样，刚学的知识还没有被消化，又要学习另一个容易与之混淆的新知识，学生就会感觉困惑，陷入混乱。因此教学中要特别注意机械效率概念的形成与理解，把握概念的物理意义。

机械效率是中考的必考内容，题目往往与密度、浮力、滑轮组、功率等结合在一起，情境比较复杂，学生在解决此类综合问题时，在机械效率这个知识点上，对哪个是总功、哪个是有用功普遍存在困难。

3. 三维目标的设计

(1)知识与技能：结合实例了解什么是有用功、额外功和总功，理解机械效率的定义和特征。

(2)过程与方法：通过参与探究斜面机械效率的活动学习新概念，并学习拟订简单的科学探究计划和实验方案。

(3)情感态度与价值观：在探究实验中培养学生的实证精神和合作精神，养成实事求是、尊重实验结果的科学态度。

（案例来源：由北京教育学院张芳提供）

11.5 紧扣单元教学目标，设计符合学生认知规律的单元教学过程和教学活动。

【操作要点】

教学过程的组织与安排，应坚持以问题为纽带，以知识的再发现过程和学生思维发展过程为主线，以师生合作互动、多向信息传递、多种感官协调活动为基本方式，设计出具有驱动性、诱发性、易参与性、可生成性和多重价值好的教学活动。从操作层面上看，课堂教学过程的安排需要考虑三条线索，即教学内容线索、学生认知线索和教师教学行为线索。这三条线索实际上就构成了教学活动进程编排的三个维度。

教学活动是指学生的一种特殊认知活动。课堂中的教学活动是指在教师指导下师生交互作用的认知或认知活动，它是学生有动机、有目标、有策略并形成一个在间接知识、智力能力和个性心理诸方面彼此联系的心理结构的过程。教师在进行教学活动进程编排时，应立足于单元教学目标的整体思考和对学生的认知发展水平的把握，依据目标→任务→内容→问题→活动方式的顺序自上而下地进行学习活动设计。

11.6 熟悉不同类型知识(事实性知识、概念性知识、原理性知识、技能性知识)的特点和学习策略，能根据学生的认知发展水平采取恰当的教学策略，帮助学生学会知识。

【操作要点】

这个发展阶段的教师在选择具体的教学策略时，应该立足于教学内容和学生的实际情况。教学策略的种类繁多且无定式，不同的教学内容、针对不同的学生应有不同的策略，选择这些策略的最终目的是快速有效地帮助学生学会新知识。

【举例说明】 化学概念的学习

化学概念是初中化学知识的重要组成部分，比如原子、分子、元素、溶液等，但由于这些概念抽象、数量众多，并且需要使用化学符号进行表示，因此，学生学习兴趣和积极性不高。原因在于，此时学生的抽象思维能力和符号思维能力还没有达到应有的水平。所以，教师要采用多种形式的教学方式，比如实验教学、小组合作学习、启发式教学等，或者是利用视频、图片、模型等直观措施，把抽象的问题变成易于理解的问题，降低概念理解的难度，把影响学生学习的非智力因素充分调动起来，弥补智力上的不足。

（案例来源：由北京教育学院王钦忠提供）

11.7 能够依据教学目标设计多种形式的评价方案，关注学生的学习过程和结果。

【操作要点】

关注学生的学习过程和学习效果应该是这个阶段教师教学的中心任务。教师在教学设计时，要合理设计选择评价方式，比如课堂提问、课堂观察、课堂练习、课后作业、成长记录袋以及各种检测性考试等，这些都是常用的评价方式。这些手段的使用需要结合实际情况进行精心设计，把学生学习过程中的问题和学习效果真实地呈现出来，了解学生学习目标的达成情况，以便教师能够及时地调整教学。

标　准	结果指标
12. 实施有效的教学活动	12.1　教学语言精练生动，有亲和力，具有课堂应变能力。 12.2　能够适时、得当地应用板书、教具、多媒体和其他现代科技手段等辅助教学。 12.3　能够有效地引导学生观察和思考演示实验。 12.4　能够针对教学重点、难点，根据学生的表现及时进行强化，根据学生学习情况有效调控教学内容和节奏。

续表

标 准	结 果 指 标
12. 实施有效的教学活动	12.5 掌握转引、提示、深化、转问、反问、回问和追问等高级提问技术，能够灵活、有效地运用课堂提问策略。 12.6 认真倾听，及时反馈，能调动学生积极进行教学互动。 12.7 能够组织有效的实验探究活动、小组合作学习等活动，并根据实际情况适时调控。 12.8 能够较为有效地引导学生自主学习，确保学生学习的主体地位。 12.9 有效开展复习课和习题课的教学。

12.1 教学语言精练生动，有亲和力，具有课堂应变能力。

【操作要点】

在这个发展阶段，教师的语言表达要有更高要求：(1)语言本身做到精练而生动，语音、语速、语调富于变化。(2)重点突出，能够(介绍性)聚焦、强化。(3)层次分明，有条有理，各项内容之间有过渡语，有提示和小结。(4)调动丰富的背景知识，进行讲解、阐释、举例。(5)运用表情、手势、身姿等体态语(副语言)加强信息传递的效果。

需要特别指出的是，成熟期教师的课堂教学，能够避免刺激的单调，在语言和活动中具有更强的变化能力，具体做到：

(1)语言表述的内容富于变化，语音的音强、音长、音调、语速等富于变化。

(2)表情、手势、身姿、站位等根据需要灵活变化。

(3)灵活运用视觉、听觉乃至触觉、嗅觉等多种感官通道，变换信息刺激的方式。

(4)课堂的某个教学环节，一般不超过15分钟的注意力极限。

(5)避免单一的口头语言活动的单调，加强笔谈、练习等动手活动；灵活组织表演、游戏、竞赛等多种活动。

12.2　能够适时、得当地应用板书、教具、多媒体和其他现代科技手段等辅助教学。

【操作要点】

板书、多媒体、教具作为教学辅助技术，不仅需要教师规范运用，而且还需要教师把握好运用的时机，选择好应该展示的内容，根据实际需要适时、得当地进行使用，才能优化教学过程。

12.3　能够有效地引导学生观察和思考演示实验。

【操作要点】

有效地引导学生观察和思考演示实验，需要教师做好以下几点工作：

(1)让学生明确实验目的，确定实验观察的重点。

(2)掌握实验观察的基本技能，全面、有序地进行观察。

(3)引导学生运用多种感官，比如眼、耳、鼻、手等观察实验。

(4)培养学生及时记录观察结果的习惯。

(5)设计教学问题，引导学生思考和解释实验现象。

12.4　能够针对教学重点、难点，根据学生的表现及时进行强化，根据学生学习情况有效调控教学内容和节奏。

【操作要点】

"强化"有两个含义。第一，按照日常概念，"强化"即"强调、巩固"的意思。教师要对教学内容中的重点、难点、关键信息进行强调，使学生在此处注意力更集中，思想上更重视，理解和掌握得更牢固；第二，在心理学上，"强化"是个专有名词，是指对有机体的某种行为作出一定的反馈，从而使这种行为得到改变或固定。

学生在一节课上要接收大量信息，要想更加有效地理解与掌握所学内容，就需要教师把最重要、最关键的信息及易混易错点抓准抓住，并通过恰当方式使其在众多内容中突出出来，固化为学生的认知与行为，这就是教师的强化技能。强化教学内容的主要手段，是语言重复、语音语调的变化、补充例子加强阐释、板书、提问、让学生复述、手势、眼神、增加练习等。特别是语言的重复和变化、板书，是最常用的强化手段，可惜很多年轻教师还没有掌握这项技能。讲课平铺直叙、缺少波澜，不会随机板书。

一节课听下来，对任何内容都没有留下深刻印象，不知道这节课要重点记住什么、突破什么。

强化技能是对学生的认识或行为进行直接或间接干预，即对学生认识或行为中符合教学要求的成分进行肯定、表扬、奖励，对学生的认识或行为中不符合教学要求的成分进行否定、批评、惩罚，使直接或间接呈现的刺激物与教师所期望的学生认识或行为之间建立稳固联系的教学行为方式。强化有积极与消极之分，也分为内部强化与外部强化，连续强化与间歇强化。强化物是多种多样的，如语言、物质、标志、活动、练习等。运用各种强化手段时要综合考虑具体的教学情境。

关于强化技能，教师应注意：是否正确选择了应强化的内容；是否运用了多种强化形式；是否在恰当时机有效进行强化；强化是否达到了应有的效果；强化是否关注学生的差异等。

12.5 掌握转引、提示、深化、转问、反问、回问和追问等高级提问技术，能够灵活、有效地运用课堂提问策略。

【操作要点】

转引：把问题进行分解延伸，让两个或两个以上的学生分别作答。

提示：层层启发，逐级诱导，使学生逐步接近正确答案。

深化：步步紧逼，让学生不断深化对问题的认识。

转问：改请其他人回答问题。

反问：将问题请提问者做解释并提供可能的答案。

回问：当问题被转问回答后，再请提问者回答。

12.6 认真倾听，及时反馈，能调动学生积极进行教学互动。

【操作要点】

成熟教师在课堂上，更加重视对学生的观察与倾听，并作出及时的反馈评价。他们能够从学生困惑或满足的表情中、从学生迟疑或武断的发言中，看出、听出学生思维和情绪的问题，准确把脉，对症下药。成熟教师，应该真正调动学生群体参与教学互动。比如，当学生发言只是面对教师的时候，教师能够及时提醒："请你面向全班同学讲话。"

12.7 能够组织有效的实验探究活动、小组合作学习等活动，并根据实际情况适时调控。

【操作要点】

组织有效的实验探究活动的程序和方法可以参照以下几点：

(1)了解科学探究活动的基本环节，准备好探究需要用的资料和实验用品。

(2)确定探究活动的主题，设计探究活动的实施方案。

(3)分解探究性学习任务。

(4)指导学生选用资料分析或实验探究等合适的探究方式。

(5)营造有利于探究活动的学习环境。

(6)用小组合作学习的方式组织科学探究。

(7)为探究活动安排充足的时间。

(8)正确处理教师在学生探究活动中的作用。

(9)为学生提供展示交流探究结果的平台。

(10)设计合理的评价方式激发学生学习的热情。

新课程大力倡导自主、合作、探究的学习方式，其中的“合作”，尤为深刻地改变着课堂教学的组织形态。合作学习，不只是为了活跃课堂气氛、激发学生兴趣，更是体现了学习的社会性本质；合作学习，作为一种抽象的学习方式，其操作形式也不限于同位交流、小组讨论等。成熟教师要不断探索合作学习的有效性问题，比如，正确选择适宜合作学习的内容、恰当地分组分工、培养学生的合作意识与合作能力、有效监控合作学习的过程、设计有效的小组合作学习的评价方案等。

12.8 能够较为有效地引导学生自主学习，确保学生学习的主体地位。

【操作要点】

新课程改革提倡自主学习，让学生真正成为学习的主人。教师在教学过程中要实现这个目标，可以参照以下几点：

(1)教师首先要转变思想，给予学生自主学习的机会，努力成为学生学习的引导者。

(2)营造平等、和谐、宽容的学习氛围，让学生轻松愉快地进行学习。

(3)教学设计要紧密结合学生的生活实际和认知水平，激发学生自主学习的欲望。

(4)给予学生自我展示的机会，发挥学生学习的自主性和积极性。

12.9　有效开展复习课和习题课的教学。

【操作要点】

有效开展复习课和习题课的关键点就是要准确把握学生已有知识基础和经验基础，要把学生的发展空间建立在这个基础之上；认真研究考试说明，了解中考对这部分内容的考试要求和考查方式，做到知己知彼，有的放矢。当然，中考复习课的实效性还得取决于有效地教学策略。具体可参见以下几点：

(1)充分利用预调查了解学生的已有知识和经验基础。

(2)对基本知识和技能的复习要回归教科书。

(3)例题的选择要具有代表性和层次性。

(4)建构概念知识网络，关注知识之间的联系。

(5)课堂教学过程中要有意识地暴露和捕捉学生的问题。

标　准	结果指标
13. 培养良好的学习习惯与指导学生学会学习	13.1　熟悉理科学习的多种策略和方法，重视培养学生良好的学习习惯。 13.2　熟悉自主、合作、探究等有效的理科学习方式，能够有效引导学生主动参与学习。 13.3　熟悉理科学习的特点，具有培养学生创新精神和实践能力的意识。

13.1　熟悉理科学习的多种策略和方法，重视培养学生良好的学习习惯。

【操作要点】

这个发展阶段的教师应该加倍重视学生学习习惯的养成，在课堂教学与课外实践活动中，要时刻注意观察学生的学习习惯，坚持不懈地指导学生养成良好的学习习惯。学生的良好习惯一旦养成，反过来会大大提高课堂教学的实效性。

13.2　熟悉自主、合作、探究等有效的理科学习方式，能够有效引导学生主动参与学习。

【操作要点】

这个发展阶段的教师应该能够在课内外教学活动中，时刻注意培养学生习得多种学习方式；能够依据学生学习的不同阶段，按照探究环节的多少逐步指导学生进行探究性学习，比如，初中阶段侧重局部知识的探究，高中阶段进行比较完整的单元知识探究等；能够针对学生的实际情况来设计学生探究学习的自主和开放程度，比如，初中阶段侧重有指导的合作探究学习，高中阶段分阶段逐步增加自主探究学习的内容。

13.3　熟悉理科学习的特点，具有培养学生创新精神和实践能力的意识。

【操作要点】

现代社会，创新已经成了保持竞争优势的重要途径。因此，对学生创新精神和实践能力的培养受到了国家的高度重视。在理科学习过程中，实验教学是培养学生创新精神和实践能力的重要途径。理科实验不仅可以培养学生的实验操作技能以及发现、分析和解决问题能力，而且一些好的设计性实验、课外活动和校外实践活动等对培养学生的综合能力、创造能力和研究能力都有非常重要的作用。

标　准	结 果 指 标
14. 开展多元的学习评价	14.1　灵活选择不同的评价工具和方式，设计表现性评价方案，实现过程性评价和结果性评价的有机结合。 14.2　通过学生自评、生生互评以及师生互评等方式实现评价主体多元。 14.3　能够选择和编制不同功能的题目，能够设计合理的学生作业，独立编制单元、期末考试试卷，并进行试卷分析。 14.4　能够有效利用评价结果对学生进行个别辅导或分层辅导，对教学进度和教学策略进行调整。

14.1 灵活选择不同的评价工具和方式，设计表现性评价方案，实现过程性评价和结果性评价的有机结合。

【操作要点】

这个发展阶段的教师要能够设计多样化的评价方案，特别是表现性评价方案。常用的评价工具主要有：

(1)试卷。主要用于阶段性的结果性评价。

(2)量规和评价表。量规是专属于教育领域的术语，定义为"为一项工作列出标准的评分工具"，其实也就是一种量化的评分表，一般采用二维表格形式，把评价的具体项目和分值呈现出来，量规可以使评价的结果比较准确、客观，操作起来也很便捷，而且能对学习者起到目标定向的作用。它的使用非常广泛，如大规模考试中的作文评分标准和细则，就是一种典型的量规。

区别于量规的分值形式，评价表是用主观性的问题构成评价内容。比如对同学的发言或演讲进行评价。评价表上可以有这样一些问题：你认为他讲话的内容怎么样？哪些东西对你很有启发？他的讲话让你联想起什么？你认为他的语言表达能力如何？……

此外，学习履历表、竞赛表也都是一种过程性评价的方式。学习履历表和竞赛表，都需要详细设计评价内容的项目(如课堂发言的积极性、代表小组汇报研究成果的次数和表现、日常测验的成绩等)，作为记录和评价学生学科学习状况的依据。竞赛表可以在教室的墙上贴一张大表(网络普及的学校，也可以把竞赛表发布在校园网站上)，详细罗列学生在学科学习各个方面、各种检测、历次活动中的表现和成绩，如果以小组竞赛的形式出现，更可以激发学生的团队荣誉感和力争上游的决心。学习履历表可以人手一份的形式出现，填写并保存每个学生的学习履历。

(3)档案袋。档案袋评价，是当前非常流行、也非常有效的一种过程性评价。为每位学生建立学业档案袋，其中包括学习过程中的各种原始记录，日常学习和历次活动中的表现(态度和成绩)，以及各种形式的作业和作品(如读书笔记，研究报告，发言录音，演讲、戏剧表演中的录像光盘)，还包括老师、同学、家长等各方面的评语等。档案袋，可以全面反映学生的学习过程和点滴进步，能督促学生养成在日常学习中一丝不苟的态度，以及积极参与各种活动的热情。

(4)概念图。把阅读材料中的重要概念和关系，用树状或网状图表表示出来，这就是国外流行的概念图，它的类似形式是提纲、表格。制作概念图，可以作为对学生理解能力的一种评价。

(5)学习契约。也叫学习合同，适用于差异性教学与个别化指导。学生与老师或同伴制定学习契约，注明学习的具体目标、内容、方法、过程、时间安排等内容，相当于一份项目实施方案。学习过程中、结束时，都可以时时对照契约或合同来监测和评价。这有利于加强学生的自主学习意识和自我责任感。

【举例说明 1】 “地形”评价方案

(1)能够针对学生的学习过程进行合理的评价，比如，FOSS 地球科学“地形”模块中俯瞰校园模型。

内容性知识：模型和地图是一种表达“地形”和人为建筑的方式。

建立解释：模型和地图能够表达“地形”和人造结构，有时只需一种，有时两者都需要。

分数	学生表现
4	学生同时使用了两种方式并了解模型和地图的作用：说明模型可以构建地表事物的三维视角，地图可以包含更多信息和细节，可以复制。
3	选择了一种方式并能够清晰地解释选择的原因。
2	选择了一种方式但没能清晰地解释选择的原因。
1	虽尝试解决问题但没有给出明确选择，给出的原因和问题不相关。
0	没有完成任务。

提示：如果学生没有弄清楚地图与模型的区别，进行讨论比较校园模型与学生绘制的地图。

(2)能够采用合理的方法检测学生的学习效果，比如，FOSS 生命科学“环境”模块中探究潮虫和甲虫。

内容性知识：每一种生物都有最适应的生存环境。

实施调查：设计控制变量的调查，对单因子变化进行观测。

注意：使用监控与工作记录时都要辅以评分指导。

监控/工作记录——动物	
评　分	学生表现
+	除观测变量外，其他变量都得以控制。
√	除观测变量外，其他大部分变量得以控制。
—	不懂什么是变量控制。

更进一步：本模块为学生提供了很多实验设计机会。让学生多练习，尽可能避免教师主观指导。

（案例来源：由北京教育学院王晨光提供）

【举例说明2】　初中物理实验评价方案

关注学生的学习过程，注意在学生实验不同阶段进行评价。在准备阶段，对能够明确实验目的、实验原理，了解了仪器的性能作用以及使用方法，做好记录准备的学生及时评价；对提出不同实验设计的学生表达出欣赏与肯定。在操作阶段，教师应通过巡回指导，针对学生的规范操作、准确观察、故障排除、清晰记录、仪器整理归位等情况对学生进行定性的过程评价。在总结阶段，根据学生的数据处理、实验结论的得出、误差分析等情况合理选择定性与定量评价相结合的评价方式。

多维度评价。对学生的观察能力(正确迅速观察目标，读数准确，判断正确)、处理数据(正确使用有效数字记录测量数据，正确运算和描绘图线)、分析归纳能力(会分析实验结果，用文字或公式表述规律，准确迅速地写出实验报告)、实验素养(注意实验环境，遵守操作规程，爱惜器材，实事求是)等选择合理的方式进行评价。

能根据实验的特点，选择采用具有一定信度和效度的检测试题，对学生的学习效果进行量化测评。

（案例来源：由北京教育学院张芳提供）

14.2　通过学生自评、生生互评以及师生互评等方式实现评价主体多元。

【操作要点】

成熟的教师，能够系统地设计、更好地实行评价主体的多元化。教师应通过自己的示范性评价，学生的相互评价来指导学生进行自我评价。

【举例说明1】 “生命体的结构”评价示例

FOSS生命科学“生命体的结构”模块中有关大豆的生命史。

内容性知识：生命史就是从种子到植株再到种子的循环。

工作记录——大豆的生命史	
得分	标　准
4	1. 图片放置顺序正确。 2. 充分并正确指明大豆生长的各个阶段。
3	1. 顺序正确。 2. 大致指明大豆生长的各个阶段。
2	1. 顺序大部分正确。 2. 各个阶段基本都有说明。
1	1. 顺序大部分错误。 2. 说明极少。
0	没有答题，或所答非所问。

提示：关注那些对大豆的生命史描述得不到位的学生，一起看生命史系列图片，找递变规律。或找出笔记或工作记录，看看在讲大豆和其他种子水培的时候是怎样学习生命史的。

(1)种子；承载新植株；

(2)种皮破裂；根萌发；

(3)第一片叶萌发；子叶萎蔫；

(4)植物继续生长，更多叶片萌发；

(5)出现花结构；

(6)出现豆荚；

(7)豆荚成熟；种子多；

(8)又从种子开始新一轮的生长。

（案例来源：由北京教育学院王晨光提供）

【举例说明2】 初中物理实验学生自评示例

在初中物理实验教学中，教师还可以设计评价表格引导学生自我评价。

例如：

	评价等级		
具体内容	A	B	C
从材料中能发现问题			
猜测的结果具有研究价值			
实验原理不断完善			
实验设计简单明了			
采集的数据较准确			
数据分析中能验证自己的假设			
探究过程中的态度积极			
与其他同学的交流与合作情况好			
综合评价等级			

（案例来源：由北京教育学院张芳提供）

14.3　能够选择和编制不同功能的题目，能够设计合理的学生作业，独立编制单元、期末考试试卷，并进行试卷分析。

【操作要点】

做练习，是一种常用而有效的评价方式(作为诊断性评价或形成性评价)。教风严谨的老师，会把备课的相当精力放在练习题的选择和创造上；完整的教案，应该包括对练习题的设计。

成熟的教师应能够独立编制单元考试、期末考试的试题，并掌握一定的试卷分析技术。他们能够理解教育测量学中基本术语的含义和分析方法，比如信度、效度、区分度，能够编制试题的知识、能力双向细目表。

14.4　能够有效利用评价结果对学生进行个别辅导或分层辅导，对教学进度和教学策略进行调整。

【操作要点】

成熟的教师不仅善于设计评价方案、展开多元评价，更要积极利用评价结果，发现和分析学生的问题，对困难学生进行个别辅导或分层辅导，为优秀学生提供具有挑战性的学习任务。调整教学进度和教学策略，以此实现评价的发展性功能。

标　准	结果指标
15. 促进有效的课堂管理	15.1　能够根据班级实际状况，运用有效的方法组织教学，顺利完成教学任务。 15.2　根据反馈信息灵活调整教学内容和进程。

15.1　能够根据班级实际状况，运用有效的方法组织教学，顺利完成教学任务。

【操作要点】

组织教学的基本要点是：

(1)做足学生研究，从学生的特点入手组织教学。

(2)做好教学内容分析，从教学内容入手组织教学。

(3)发挥自己的特长，从教师本身入手组织教学。

15.2　根据反馈信息灵活调整教学内容和进程。

【操作要点】

教师在教学活动中应主动获取反馈信息，及时整理教学内容和教学进程，实现对教学过程的有效调控，达到教学过程的最优化。其中，获取反馈信息的方法主要有：

(1)注意观察学生的学习情绪和态度。

(2)主动与学生进行交流，了解学生的学习情况。

(3)利用课堂检测、练习、作业等手段了解学生对知识的掌握情况。

标　准	结果指标
16. 渗透思想品德教育与生活技能教育	16.1　能够结合学科教学渗透思想品德教育。 16.2　能够结合学科教学渗透生活技能教育。

16.1　能够结合学科教学渗透思想品德教育。

【操作要点】

理科教学中的思想品德教育不同于单纯的思想品德教学，在实际教学要结合学科知识、学科实验、学科思想方法、学科事件、学科人物和学科前沿等内容的进行渗透，实现科学性、文化性与思想性的统一，使理科教学与思想政治教育浑然一体。从教学实践来看，理科教学中的思想品德教育可以在班会活动、课堂教学、实验活动、参观考察、家庭实验等方面进行开展。

16.2　能够结合学科教学渗透生活技能教育。

【操作要点】

开展生活技能教育要以提高学生的社会心理能力，掌握处理问题的特殊技巧，增强学生的自我意识，预防学生的问题行为为目标。为此，教师要基于学科特点以及学生的身体、心理和社会适应方面的特征，以学生为主体，采取多样、有效的方式渗透生活技能教育。

(1)学科教学方式渗透，是指在学科教学活动中，以学科课程为载体，通过听讲、阅读、讨论、参与、体验、训练、实验等，渗透生活技能教育的方式。

(2)专题教育方式渗透，是指以中小学开设的毒品教育、可持续发展教育、安全教育等专题教育内容为依托，渗透基本生活技能教育的方式。

(3)班会、团队活动方式渗透，是指以班会、少先队和团员活动为载体，渗透生活技能教育，培养学生正确认识自己和他人，发展良好人际关系的方式。

(4)竞赛方式渗透，是指通过各种竞赛活动，如学科知识竞赛、主题探究活动竞赛、创意活动竞赛、演讲活动竞赛、运动项目竞赛等，促进学生生活技能发展的方式。

(5)社会实践方式渗透，是指通过利用社会资源和组织学生参加校外社会实践活动，培养学生生活技能的方式，如参观博物馆、名胜古迹和公园；参观打工子弟学校、敬老院等场所；参加冬令营、夏令营等活动。

(6)国际交流方式渗透，是指通过跨国、跨境的校际交流、学生社团交流、学生访学交流等形式，促进学生生活技能发展的方式。

标　准	结果指标
17. 实施积极的安全教育与健康教育	17.1　能对学生进行健康教育，关心学生的身体健康，鼓励学生积极锻炼身体。 17.2　掌握有关学生心理健康的知识和方法，关注学生的心理健康。 17.3　能对学生进行安全教育，引导学生树立自我保护的意识，提升自我保护的能力。 17.4　对学生的人身安全富有责任感，遇有突发事件时及时救助学生。

17.1　能对学生进行健康教育，关心学生的身体健康，鼓励学生积极锻炼身体。

【操作要点】

健康的体魄是学生全面发展的基础，让每个学生拥有健康的身体也是教育公平的内涵之一。鼓励学生积极锻炼身体有多种方式，比如：

(1)通过生动、具体的案例引导学生了解身体健康的重要意义。

(2)设置合理的学校体育课程，给予学生足够的锻炼时间。

(3)培养学生良好的学习习惯，帮助学生处理好学习与锻炼的关系。

(4)要向学生强调身体成长的规律与文化知识的掌握是不一样的，不能牺牲学生的健康来换取高分数。

17.2　掌握有关学生心理健康的知识和方法，关注学生的心理健康。

【操作要点】

关注学生的心理健康，教师可以参照以下几点：

(1)深刻理解心理健康对于学生成长的意义。

(2)真正关心学生的心理健康。

(3)采取有效措施鼓励学生关注和改进自身心理健康状况。

(4)能够经常与学生谈心、交流，促进学生心理健康。

17.3　能对学生进行安全教育，引导学生树立自我保护的意识，提升自我保护的能力。

【操作要点】

要确保学生的人身安全，根本在于提高学生的安全意识、自我防范和自护自救能力。教师要通过各种渠道抓好安全工作，经常性地对学生开展安全教育。

(1)通过课堂教学，结合任教学科知识对学生进行安全教育，引导学生利用科学知识自护自救。

(2)通过班会，组织学生开展以安全教育为主题的演讲或者研讨，提高学生的安全意识。

(3)观看安全教育影片，学习基本的自救技能，学习自我保护方法。

理科教学的最大特点就是有实验操作，为了维护学生的安全，教师需要对学生进行必要的实验安全教育。具体有：

(1)在开展实验之前，教师要向学生讲解实验室守则。

(2)在进行具体的实验时，教师要向学生强调注意事项，特别是一些危险药品和危险操作。

(3)实验室中要配备齐全各种安全设施和急救设备。

(4)实验室要制定科学合理的安全处理机制。

17.4　对学生的人身安全富有责任感，遇有突发事件时及时救助学生。

【操作要点】

在法律层面上，学校、幼儿园、托儿所和公共场所发生突发事件时，教师应当优先救护学生。在道德层面上，教师对学生的安全更应富有责任感，关爱学生生命安全，遇到突发事件时能够勇于救助学生。

领域四　教育教学研究与专业发展

标　准	结果指标
18. 教育教学反思与行动研究	18.1　习惯于教学反思，能够聚焦教学中的问题，并以课例为载体进行深入研究。 18.2　尝试使用案例法、观察法、调查法、实验法和经验总结法开展教科研活动。 18.3　熟悉研究报告、学术论文等成果的呈现方法。

18.1　习惯于教学反思，能够聚焦教学中的问题，并以课例为载体进行深入研究。

【操作要点】

这个发展阶段的教师要习惯于进行教学反思，特别是能够针对教学中的问题以课例研究的方式进行深入研究。课例研究是以教师为主体、以教学实践为基础，系统研究课堂中教与学行为的过程，是解决教学问题，促进教师专业发展的重要途径。具体方法可以参照以下几点：

(1)梳理教学中的问题，聚焦问题，使之成为具有研究价值的主题。

(2)围绕主题设计课例研究方案，规划研究计划。

(3)依据方案开展课例研究，把研究融入备课、教学设计、说课、上课、观课、研课等环节中去。

(4)对教学进行评价和反思，提炼和总结研究成果，并撰写研究报告。

18.2　尝试使用案例法、观察法、调查法、实验法和经验总结法开展教科研活动。

【举例说明】　　　　研修活动中的案例方法

在教师培训中，不仅要重视基础理论的学习，也应当重视以实践者科学地发现和解释事实为基础的、以解决问题为目标的诊断性研究及实践者对课堂教学情境和经验所作的多视角、多层次的分析和反思。因为，理解和改进教育实践的过程必始于教师对自身实践经验的反思，任何教育理论只有与教师个体对其具体实践情境和经验的研究结合起来才能有效运用。

例如，案例是指对实际情境的描述，在这个情境中包含一个或多个引人入胜的问题，同时也含有解决这些问题的方法。教学案例描述的是教学实践活动，它以丰富的叙述形式，向人们展示了一些包含教师、学生的典型行为、思想、情感在内的故事。

案例形成包括以下基本步骤：

(1)前期准备。研究者洞察中小学教学中存在的普遍问题，进行有关的调查，搜集详尽的材料。

(2)确定主题。每个案例都要突出一个鲜明的主题，它常与教学改革的核心理念、常见的疑难问题和困惑的事件相关。确定主题要注意典型性和时代感。

(3)情境描述。案例源于教学实践，但不是课堂实录，它应以引人入胜的方式展开，有相对完整的情节和一些戏剧性的冲突，以反映事件发生的时空特征，揭示教学工作的复杂性和师生的情感、动机和价值观等方面的变化。有时为了突出主题，提示讨论的焦点，可以对“原形”适当地调整与修改，但不能杜撰。情境描述一般要制成音像材料。案例在运用于教学之前，应得到同行的确认。案例可以按照如下框架制作：

题目	主题	理论背景	困惑或者展示的重点	提供讨论的问题	原形
当学生的回答不是老师所期望的	教学中三维目标的整合	科学教育的目标—培养科学素养	当学生的回答不是老师所期望的	1. 这节课，老师对课堂中出现的问题是如何处理的？你认为他处理得怎样？ 2. 如果你遇到这样的问题怎样处理？	物质变化

案例的运用：

(1)案例引入。可运用打招呼、发阅读材料、介绍趣闻轶事、展示视频材料等方式，吸引讨论者对案例内容的关注和兴趣。也可在使用案例之前，拟出一份参考材料内容包括案例说明、相关的教育理论与学科背景知识、建议讨论的问题等。

(2)案例讨论。在案例中设置引起讨论者思维的“两难”问题或用综合的眼光提出开放性的问题，使讨论者就自己的理解积极提出解决问题的方案，并在比较、论证的基础上确定一个或若干个最佳的方案。

(3)诠释与研究。多角度解读案例，分析研究，对问题产生的原因和解决问题的过程进行反思。可以采取适当的教育科研方法，如课堂教学行为技术分析等。研究结果不应停留在特殊的、虚拟的环境中，而应回归到真实的教学实践中去运用。

(案例来源：由北京教育学院李晶提供)

18.3 熟悉研究报告、学术论文等成果的呈现方法。

【操作要点】

课题研究报告、学术论文和调查报告等的撰写具有严格的格式体例，教师要学习和了解这类文章的撰写方法，提高文字呈现能力的科学性、规范性、逻辑性和学术性。

标　准	结果指标
19. 团结协作与经验分享	19.1　具有通过合作解决问题的意识。 19.2　积极参加教学研究活动，善于发现和学习他人的优点，能够主动分享自己的经验。

19.1　具有通过合作解决问题的意识。

【操作要点】

学校发展和学生发展需要不同年级、学科和担任不同工作职责的教职工形成合力来实现，众人拾柴火焰高，充分利用团队协作的力量来解决问题；教学中存在的问题大部分具有共性，与其他教师合作解决问题，不仅可以提高解决问题的实效性，还可以充分学习他人的好经验和好方法。

19.2　积极参加教学研究活动，善于发现和学习他人的优点，能够主动分享自己的经验。

【操作要点】

(1)组织或积极参加学校教学研究活动，在其中扮演一定角色，主动分享自己的教学经验和学习心得。

(2)发现同事有益的经验和教学创新点，并依此提出交流和讨论的话题。

标　准	结果指标
20. 终身学习与持续发展	20.1　能够坚持自身的职业生涯发展规划，具有正确的职业理想。 20.2　积极参加校本研修和各类教师培训活动，注意在日常教学实践中提升自己的专业素养。

20.1　能够坚持自身的职业生涯发展规划，具有正确的职业理想。

【操作要点】

当教师对自己的职业生涯有一个合理的规划之后，应该坚定不移地坚持和执行下去。这就需要教师坚定自己的职业理想，积极进取，增强教师责任意识；脚踏实地，树立实干作风；强化时间观念，提高教学工作效率；开拓创新，不断改进教学工作方法。

20.2　积极参加校本研修和各类教师培训活动，注意在日常教学实践中提升自己的专业素养。

【操作要点】

教师要克服工学矛盾，积极参加各种教师培训。这是因为教师培训不仅可以更新教学观念，提升理论水平，拓展教学视野，而且还可以提升教师的教科研能力，是教师专业发展的一个助推器。教师应该注意在日常教学实践中提升自己的专业素养，不断地建构开放、动态发展的知识与能力结构。比如，完善自身的学科教学知识。

三、从成熟到卓越

维度一　专业基础

领域一　健全人格与职业道德

标　准	结果指标
1. 爱岗敬业，履职尽责	1.1　挚爱教育事业，全身心致力于学生的发展和学习。 1.2　自觉遵守教育法律法规，自觉贯彻执行教育方针政策。 1.3　出色履行教师职责。 1.4　具有高度的责任感和奉献精神。

1.1　挚爱教育事业，全身心致力于学生的发展和学习。

【内容要点】

经过长期的教学实践，教师对教育事业有了自己的感悟，最基本的信条是所有学生都能掌握知识，相信每个孩子内在的潜能；承认个体差异并以之调适教学，通晓学生发展和学习的进程和方式；公平地对待学生，对不同的学生群体，采用有不同的针对性教育方法并努力寻求满足学生不同需求的教学方法；不仅仅培养学生的认知能力，还要培养学生的自尊、激发学习动力、养成性格和公民责任感，在选择教学内容和方法时从这种广义的学生潜能出发进行决策。

1.2　自觉遵守教育法律法规，自觉贯彻执行教育方针政策。

【内容要点】

走向卓越的教师要成为执行教育方针政策和教育法律法规的模范。

1.3　出色履行教师职责。

【内容要点】

在传授知识的同时，更要重视学生行为习惯的养成。教师在学生心目中，是智慧的代表，是高尚人格之化身，教师的一言一行，一举一动，都对他们精神世界起着无声无息的作用。

1.4 具有高度的责任感和奉献精神。

【内容要点】

把本职工作当成一项事业来热爱和完成，从点点滴滴中寻找乐趣；努力做好每一件事、认真善待每一个人，全心全意地工作。

标 准	结果指标
2. 关爱学生，教书育人	2.1 热爱并关注每一位学生，平等公正地对待每一位学生。 2.2 培养学生的健全人格，引导学生树立正确的人生观和价值观，能以行为诠释价值，成为学生健康成长的导师。 2.3 着眼于学生的素质提升、潜能发挥与可持续发展。

2.1 热爱并关注每一位学生，平等公正地对待每一位学生。

【内容要点】

在教育教学中，首先要把学生当做一个活生生的人来看待，作为一个人，学生有自己的喜怒哀乐，有自己的所思所想，有自己的尊严和人格；平等公正地对待每一位学生对于培养学生的健全人格非常重要，它不仅可以促进学生心理的健康发展，而且还可以影响学生能否正确地处理人际关系。健全的人格可以使学生在一个和谐的环境中全身心地投入到学习之中，更好地适应社会生活。

2.2 培养学生的健全人格，引导学生树立正确的人生观和价值观，能以行为诠释价值，成为学生健康成长的导师。

【内容要点】

中小学生正处在身心发展期，其价值观、人生观和世界观很容易受到外界不良环境的侵染。为了学生健康成长，教师要积极地引导和疏导，帮助学生树立正确的人生理想，正确地处理人与人之间的关系，用积极的态度看待金钱与物质享受，幸福地享受快乐的学习时光。

2.3　着眼于学生的素质提升、潜能发挥与可持续发展。

【内容要点】

“以人为本”应是一名优秀教师毕生追求的教学信念，一切从学生的发展出发，着眼于学生的素质提升和潜能发挥。面对有差异的学生，实施有差异的教学，促进有差异的发展，培养出个性化发展的学生；采用科学的评价方式评价学生，采用科学有效的教学模式和学习方式帮助学生学会新知识；倡导学生主动参与、乐于接受、勤于动手，培养学生搜集和处理信息的能力、获得新知识的能力、分析解决问题的能力以及交流与合作能力；引导学生在自主、合作、探究的学习过程中经常反思自己的学习方式、过程、效果，并及时调控，从而使学生的学习达到最优化。

标　准	结果指标
3. 为人师表，严谨治学	3.1　敬业垂范，诲人不倦。 3.2　遵守学术道德与规范，具有对教育问题的宏观把握和批判性思维，问题意识与创新意识强，积极探索教育教学规律。

3.1　敬业垂范，诲人不倦。

【内容要点】

此发展阶段的教师自身修养应达到很高境界，为人处世能严于律己，人格魅力得以彰显，并具有较强的感染力，不论对学生、学校同仁、甚至社会都具有无声的榜样示范作用。教师只有热爱教育事业，才会无微不至地关心学生的健康成长；才会爱岗敬业，乐于奉献；才会自觉自愿地约束自己，规范自己的言行，更好地做到为人师表、廉洁从教。

3.2　遵守学术道德与规范，具有对教育问题的宏观把握和批判性思维，问题意识与创新意识强，积极探索教育教学规律。

【内容要点】

走向卓越的理科教师的专业素养应达到很高境界，对教育问题能够宏观把握和批判性思维，具有高强的教育科研能力和较强的教育科研领导力，学习和研究不仅成为内在的生命需要，而且成为不可缺失的生活内容；具有执著的探索精神、严谨的实证精神和求真务实的科学态度，面对教育教学中的问题能积极探索、大胆创新。走向卓越的理科教师，在教学实践中不断丰富自己的科学知识，不断探索教育教学规律，逐渐形成独特的、具有示范性的教育教学风格，提炼出具有个人特色的教育教学思想。

标　准	结果指标
4. 热爱生活，身心健康	4.1　关爱自己的身体，积极锻炼，保持身体健康，合理分配精力。 4.2　积极向上，宽容豁达，乐享生活，具有高尚的情操和审美情趣。 4.3　能够正确且从容对待困难和挫折，善于自我调节。

4.1　关爱自己的身体，积极锻炼，保持身体健康，合理分配精力。

【内容要点】

这个发展阶段的教师是学校教学工作中的中流砥柱，身体健康对这个阶段的教师显得尤为重要，它不仅会影响到个人的正常工作和生活，而且还会影响到整个单位的教学工作，所以，应该引起个人和学校的共同关注，采取安排合理的工作计划、定期体检、课间操、健康讲座等措施增进教师的身体健康。

4.2　积极向上，宽容豁达，乐享生活，具有高尚的情操和审美情趣。

【内容要点】

当事业有成、学有建树时，教师更需要一种宽容豁达的心态，淡泊名利，让自己愉悦地工作和快乐地生活，这是保持健康心态的重要方法；宽容豁达还是一种高尚的品德，是一种深厚的涵养，它是一种善待生活、善待别人的境界，能陶冶人的情操，能帮助教师更好地为学生、为同事做出表率，引导他人乐享生活。高尚的道德情操和审美情趣是一种高贵的品质，这种品质的形成离不开个人对兴趣和爱好的追求，离不开个人对生活中美好事物的热爱；这种品质不仅可以愉悦自己，也可以影响他人，是成功人士的一种重要标志。

4.3　能够正确且从容对待困难和挫折，善于自我调节。

【内容要点】

这个发展阶段的教师，除了要端正对待困难和挫折的态度之外，更重要的是要有自我调节的能力，临危不惧、从容应对，善于寻找各种办法创造性地解决问题，化挫折为动力、变不利为有利。

领域二　学科知识与教育教学知识

标　准	结 果 指 标
5. 关于学科的知识	5.1　深刻领悟学科主题、观念与学科思想方法，能够整体把握学科的结构体系。 5.2　具有很强的实验(实践)意识，能够充分发挥其在学科教学中的作用。 5.3　整体把握任教学科知识的内在联系与外在联系，能够动态调整知识结构。

5.1　深刻领悟学科主题、观念与学科思想方法，能够整体把握学科的结构体系。

【内容要点】

走向卓越的教师不仅具有深厚的学科功底，还应该能够整体把握学科的结构体系，在学习和实践中学科知识结构不断得到完善，对学科本质有着深刻的认识。教师对学科的理解和认识能够上升到主题或者观念层面，甚至是哲学层面。教师在教学过程中会有意识地引导学生领悟学科观念和思想。

【举例说明 1】　　　　化学学科的“微粒观”

所谓化学基本观念，不是具体的化学知识，也不是化学知识的简单组合，它是学生通过化学学习在头脑中留存的，在考察它周围的化学问题时所具有的基本观念性的东西，也可以认为是学生获得的对化学的总观性的认识①。比如，“微粒观”是一个重要的化学基本观念，其主要内容有：物质是由原子、分子、离子等“微粒”构成的，微粒本身是不断运动的、彼此有间隔，微粒间存在相互作用三个阶段性理解。这三个方面是一种超越事实的概念性理解，由易到难、层层递进，可以为学生提供一个从结构角度

---

① 吴国庆：《化学科学与初中化学课程内容改革》，见王磊、毕华林主编：《基础教育新课程师资培训指导·初中化学》，第 45 页，北京，北京师范大学出版社，2003。

认识物质的思维框架。

（案例来源：由北京教育学院王钦忠提供）

【举例说明2】　　地理学科的知识体系

教师不仅要清楚、准确地把握所教学段的学科知识体系，还需要全面系统地把握全学段(小学、初中、高中、大学)的学科知识体系。不但要有地理科学知识，还要有地理人文知识以及地理技术知识，并能够按照“地理事象—地理规律与原理—地理核心概念与观念—地理方法论与地理哲学”知识的层级结构描述地理知识。只有这样，教师才能客观系统地审视和灵活准确地处理教学内容，才能站在教学内容之上思考教学内容以怎样的方式进行组织与呈现容易被学生理解和接受。以“地球”为例：

学段	各学段知识体系	教学要求
小学	1. 从生活现象中体会地球的形状及运动 2. 从地球科学史的角度来认识地球的形状和运动	更多的是感性认知，用历史说话、用事实说话，目的是让学生接受理解这一现象，感受地球运动的存在及与生活的关系。
初中	1. 认识地球的基本特征(如：形状特征、大小特征、运动特征) 2. 认识地球基本特征的基本手段(地球仪)	进入寻找方法、理性认知的阶段，运用地球仪认识地球的形状、大小、运动特征。地球仪的知识只是为了认识地球特征的基础知识和基本方法。
高中	1. 描述地球所处的宇宙环境 2. 阐述太阳对地球的影响 3. 地球运动的地理意义 4. 地球的圈层结构及各层特点	站在空间圈层结构的视角审视地球所处的宇宙环境及地球的运动特征，最终落在对人类活动的影响上。主要属于天文科学和地质科学领域。

（案例来源：由北京教育学院李春艳提供）

【举例说明3】　　生物学科的知识结构

生物教师首先要明确生物学科的基本知识结构，布鲁纳认为，任何学科都有其基本结构，任何与该学科有联系的事实、论据、概念等都可以不断地纳入一个处于不断统一的结构之内。这种基本结构是学生必须掌握的科学因素，应该成为教学过程的核心，因为学生如果掌握了学科知识的基本结构，就可以独立地面对并深入新的知识领域，从而不断地独立地认识新问题，增多新知识。这一点在“知识爆炸”的时代显得至关重要。

走向卓越的生物教师的学科知识结构见下图：

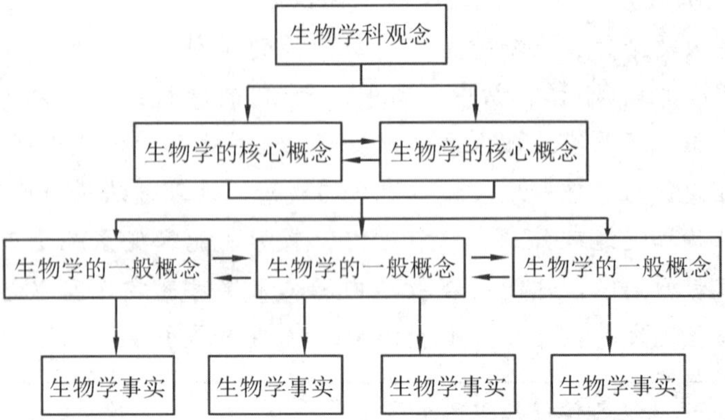

（案例来源：由北京教育学院胡玉华提供）

5.2 具有很强的实验(实践)意识，能够充分发挥其在学科教学中的作用。

【内容要点】

实验或实践活动在理科教学中的价值具有不可替代的作用，教师必须给予足够的重视。发挥实验或实践的教学价值一方面离不开教师高水平的实验或实践能力，深入研究学科实验或学科实践；另一方面更需要教师懂得如何把这种能力应用到教学实践中去。教师要在实验或实践活动中，引导学生积极参与实验或实践活动，指导学生设计方案和开展活动，关注学生的表现，并及时给予鼓励。

5.3 整体把握任教学科知识的内在联系与外在联系，能够动态调整知识结构。

【内容要点】

走向卓越的教师要关注学科知识的内在联系和外在联系，内在联系主要是指学科知识的形成与发展和知识的层级结构；外在联系主要是指学科与其他学科以及STS之间的联系。教师要突破学科本位思维，着重于关注学科的外在联系，关注学科发展史、学科前沿成果，关注学科与其他学科和STS之间的联系，根据教学需要适时地调整自己的知识结构。

标 准	结果指标
6. 关于学生的知识	6.1 熟悉有关学生心理和学习心理的各种理论知识，积累了丰富、有效的理科教学策略和学习策略。 6.2 对学生研究的内容和方法有自己的理解和认识，能正确把握学生的发展需求。

6.1 熟悉有关学生心理和学习心理的各种理论知识，积累了丰富、有效的理科教学策略和学习策略。

【内容要点】

这个发展阶段的教师，在长期的教学实践中，根据个人学习体验和教学实践经验，逐渐形成了个人对学科学习心理的一些感悟和认识，应该积累了一些学习理科的有效策略，这些策略能够帮助学生将学科知识巧妙地进行心理学化，为学生的学习搭好了台阶、降低了难度。

了解学生或者具有了解学生的一套方法是这个阶段教师的优势之一，但对学生的理解还不能仅仅局限于经验层面，还要上升到理论层面，通过理论联系实际形成自己的一套教学策略。教学策略是一种较为特殊的程序性知识，它是针对特定的教学对象和教学内容有效组织教学活动的方法和技巧，归根结底是对学生心理的综合考量。在这些策略的指导下，教师能够更有效地把特定的知识传递给学生，能够更有效地解决学生学习中遇到的各种问题。

6.2 对学生研究的内容和方法有自己的理解和认识，能正确把握学生的发展需求。

【内容要点】

这个发展阶段的教师在教学过程中应该更加注重以学生为本，关注学生的学习需求，关注学生学习新知识的起始能力，关注学生的基本特征，关注学生的发展空间，真正实现以学生为中心的课堂教学。

标　准	结果指标
7. 关于课程的知识	7.1　深谙课程改革的基本理念和本学科课程在学生发展中的意义，积极探索并解决课改实践中出现的问题。 7.2　能够设计和开发校本课程。 7.3　积极开发有关实验、网络媒体、生活素材和其他教辅材料等课程资源。

7.1　深谙课程改革的基本理念和本学科课程在学生发展中的意义，积极探索并解决课改实践中出现的问题。

【内容要点】

“深谙”意味着，教师对任教学科的课程不仅要“知其然”，还能“知其所以然”，即知道课程的设计思路和理论依据。课程标准中的课程性质和理念、课程目标、内容标准、实施建议等，都是教师们在把握课程标准时必须深入思考的关键点。积极倡导教师通读本学科不同学段的课程标准，力求能够站在促进学生全面发展的高度来审视自己任教学段的课程。

7.2　能够设计和开发校本课程。

【内容要点】

校本课程即以学校为本位、由学校自己确定的课程，它与国家课程、地方课程相对应。国家课程因其自身的特点与局限，不可能充分考虑各地方、各学校的实际；更不可能照顾众多学习者的认知背景及其学习特点；更无力在学法指导与策略教学方面采取相应的、有针对性的措施。这恰恰是校本课程开发的意义所在，也是当今时代赋予学校教育的重要使命。校本课程的优势在于教师能够积极参与，考虑学生的认知背景与需要，考虑学校的主客观条件及其所处社区的经济与文化水平，能够凸现学校自身特色。这个发展阶段的教师应该有能力设计和开发校本课程。

7.3　积极开发有关实验、网络媒体、生活素材和其他教辅材料等课程资源。

【内容要点】

积极开发、整合课程资源，是本阶段理科教师专业发展的重要任务。课程资源包括课堂教学资源和课外学习资源，例如，教科书、教学挂图、书籍、实验室、新闻媒体资料、报告会、演讲会、辩论会、研讨会、图书馆、博物馆、纪念馆、展览馆、布告栏、报廊、各种标本，等等。教师要有强烈的课程资源意识，了解课程资源的理论知识(如课程资源的类型、开发和利用课程资源的筛选机制及选择等)，并在教学实践中根据具体情况恰当地引入丰富的课程资源，使课堂教学充满活力。

标　准	结果指标
8. 关于教学的知识及学科教学知识	8.1　精通任教学科的教学论知识，善于提炼、总结教学经验，形成特色的教学思想。 8.2　能够根据特定的教学内容和教学对象选择恰当的教学策略协助每一位学生学会知识。

8.1　精通任教学科的教学论知识，善于提炼、总结教学经验，形成特色的教学思想。

【内容要点】

走向卓越的教师正在形成自己的教学思想，除了学习有关教育教学的理论性知识之外，还应该在教学过程中有意识地应用各种理论，不断总结提炼自己的教学经验，逐步形成有自己特色的学生观、教材观、教法观、评价观等，始终保持教育教学思想的先进性。

8.2　能够根据特定的教学内容和教学对象选择恰当的教学策略协助每一位学生学会知识。

【内容要点】

教师的学科教学知识(PCK)是指向特定的学生有效呈现和阐述特定内容的知识，最初由美国学者舒尔曼于1986年提出，旨在探讨学科知识与教学法知识之间的关系。学科教学知识是教师独特的知识，是使教学最有效的知识，也是区别教学专家与学科专家、专家教师和新手教师的知识①，因此，对于学科教学知识的研究受到各国教育研究者的重视。

① 廖元锡：《PCK—使教学最有效的知识》，载《教师教育研究》，2005(6)。

【举例说明】 关于“化学方程式”的PCK文本分析框架①

以初中化学人教版教材中的“化学方程式”单元为例，教师的学科教学知识(PCK)应该体现在以下几个方面：

学科教学知识基本维度	学科教学知识基本问题	预设答案要点
一、话题的核心内容及其联系	1. 你打算让学生学习这个话题的哪些内容?	1. 质量守恒定律及其内涵。 2.“化学方程式”的含义。 3.“化学方程式”的书写原则和技巧。 4. 根据“化学方程式”进行简单计算。
	2. 你还知道关于这个话题的哪些知识，这些知识之间有什么关系?	1.“化学方程式”的基础：元素符号、化学式、化合价、化学反应文字表达式等。 2.“化学方程式”的其他类型：热化学方程式、可逆反应方程式、电极反应方程式、有机反应方程式等。 3. 有关化学反应的知识：反应条件、反应类型、物态等。
二、话题核心内容的教育价值	3. 为什么说学生学习这个话题很重要?	1. 知识价值：学习化学的基本技能，交流化学信息的重要工具。 2. 方法价值：培养符号思维能力，使用化学符号表示化学反应。 3. 情意价值：体验化学符号的丰富语意及其使用便利性。
三、学生学习这个话题时的基础和可能出现的问题	4. 学生学习这个话题的知识和经验基础是什么?	经验和知识基础：元素符号、化学式、化合价、文字式、化学反应、物质性质、数学计算等。
	5. 学生在学习过程中可能会出哪些问题?	1. 学生宏观思维能力较强，而微观思维能力和符号思维能力较弱。 2. 从宏观和微观角度理解质量守恒定律有困难。 3.“化学方程式”书写规则较多，学生容易丢三落四。 4.“化学方程式”抽象，学生学习兴趣低。

① 李方、钟祖荣：《教师培训研究与评论(第2辑)》，第73～85页，北京，北京师范大学出版社，2011。

续表

学科教学知识基本维度	学科教学知识基本问题	预设答案要点
三、学生学习这个话题时的基础和可能出现的问题	6. 影响学生学会这个话题的因素还有哪些？	1. 学生的学习习惯和学习状态。 2. 教师的教学方法。 3. 教学媒体的应用。
四、帮助学生学会这个话题的程序和策略	7. 这个话题的教学程序（思路）是什么？	实验探究质量守恒定律→质量守恒定律的微观解释→化学方式的含义→“化学方程式”的书写原则与规则→利用“化学方程式”进行简单计算
	8. 帮助学生学会这个话题的策略有哪些？	情景引入→探究分析→分析反应微观示意图→选取典型案例精心讲授→课堂练习与分析→同伴互助，纠正错误→课堂检测，查缺补漏→归纳总结

（案例来源：由北京教育学院王钦忠提供）

标　准	结果指标
9. 科学与人文素养	9.1　熟悉科学技术对社会和个人产生的影响，形成很高的科学素养，能够自觉地培养学生的科学素养。 9.2　对教书育人具有强烈的责任感和使命感，形成较高的人文素养，能够自觉地培养学生的人文素养。 9.3　具有较高的信息素养，能够创造性地开发教学有用信息。

9.1　熟悉科学技术对社会和个人产生的影响，形成很高的科学素养，能够自觉地培养学生的科学素养。

【内容要点】

这个阶段的理科教师应该具备很高的科学素养，这是因为教师的职业特点对教师的科学素养提出了以下要求：传承性要求教师要有广博的科学知识；复杂性要求教师掌握多种科学方法；创新性要求教师具有深厚的科学品质；研究性要求教师具有较强的科学能力；示范性要求教师有高水平的科学素养。

9.2　对教书育人具有强烈的责任感和使命感，形成较高的人文素养，能够自觉地培养学生的人文素养。

【内容要点】

人文素养处在教师整体素养的核心位置，决定着教师职业的意义和价值。它表现为在教师的日常教学和管理活动中对学生的尊重和对学生成长的关心，表现为教师教书育人的强烈责任感和历史使命感。这个发展阶段的教师应该具有较高的人文素养，这是因为教师的社会表现角色决定了教师是学生学习的促进者、学生发展的引导者、课堂教学的组织者、学生成长的合作者；教师发展的需要决定了应该具有较高的人文素养，人文素养对教师价值观的形成、职业生命价值的实现、教育教学水平的提升都有着重要的影响，并产生着重要的推动作用；新课程改革深受人文主义思想的影响，提出“以人为本”的理念，这就在客观上要求必须提高教师的人文素养。

9.3　具有较高的信息素养，能够创造性地开发教学有用信息。

【内容要点】

这个发展阶段的教师不仅具有很强的信息接受能力和加工能力，而且应该具备了创造教学信息的能力，凭借自己对教育和教学的感悟，迸发创造性思维的火花，产生新信息的生长点，从而创造出新信息，让信息发挥最大的社会和经济效益。

维度二　专业实践

领域三　促进学生的学习与发展

标　准	结果指标
10. 创设良好的学习环境	10.1　能够根据学科特点，创设能够满足学生学习需要的物质环境。 10.2　能够营造科学、严谨、求实、创新的理科学习氛围，让学生参与学习、独立思考、体验乐趣。

10.1 能够根据学科特点，创设能够满足学生学习需要的物质环境。

【操作要点】

走向卓越的教师对学科和学生有着深刻和独特的理解，为了更好地满足学生的发展需求，他们会按照自己的设想布置适合与教学的物质环境，把自己对教育教学的理解物化和外显。

10.2 能够营造科学、严谨、求实、创新的理科学习氛围，让学生参与学习、独立思考、体验乐趣。

【操作要点】

对于这个发展阶段的教师来说，个人的魅力、能力和风格具有极大的吸引力，自己的一举一动都时刻牵动着学生的注意力；学习氛围的创造不再拘泥于各种条条框框，而是更加随心所欲、游刃有余。

标　准	结 果 指 标
11. 设计合理的教学方案	11.1 从促进学生科学素养全面发展的高度，系统规划任教学科不同学段、不同单元、不同课时的教学目标。 11.2 根据学生认知发展规律，整体安排学段教学进程和创造性地设计教学单元，能够进行教学设计背后的学理分析。 11.3 善于挖掘教学内容的教育价值，潜心研究学生差异，能为学生提供丰富的学习资源，以促进学生理解。 11.4 深谙不同类型知识的学习策略，具有丰富、系统且有创造性的教学策略，在教学设计中运用智慧优化教学过程。 11.5 灵活应用多种评价方式提升学生的学习效果。

11.1 从促进学生科学素养全面发展的高度，系统规划任教学科不同学段、不同单元、不同课时的教学目标。

【操作要点】

学生科学素养的提升不是靠一朝一夕的努力实现的，是一个长期的任务，但是需要教师从整体上把握不同学段、不同单元、不同课时的教学目标。从学生科学素养发展的角度来看，教学目标的确定应该体现系统性、科学性、层次性和具体化的要求。教学目标的确定是建立在对教学内容和学生情况的深入分析基础之上，确定教学目标应从整体上着眼，在明确课程目标、单元目标的基础上，去把握设计课时目标；针对不同的教学内容，教学目标的确定要体现新课程三维目标的有机整合。

11.2　根据学生认知发展规律，整体安排学段教学进程和创造性地设计教学单元，能够进行教学设计背后的学理分析。

【操作要点】

走向卓越的教师在教学实践中形成了自己的教学思想和特色，随着个人专业水平的跨越式发展，教学设计更加注重背后的学理分析，紧密结合学生的认知发展规律整体安排教学，并创造性的设计教学单元，践行以学生为本的教学理念，满足学生的发展需要。

11.3　善于挖掘教学内容的教育价值，潜心研究学生差异，能为学生提供丰富的学习资源，以促进学生理解。

【操作要点】

善于挖掘教学内容的教育价值，是有经验的教师的独特思维。可以从三个角度来认识教育价值：一是知识价值，即核心内容的作用、地位以及在学生知识结构中的位置；二是方法价值，即教学内容中所蕴涵的学科思想与方法；三是情意价值，即核心内容能够发展学生的哪些情感态度价值观。

重视研究学生的差异、因材施教，努力促进每一位学生的发展，是卓越教师的重要特征之一。一名优秀教师要潜心研究学生的差异，在教育中注意培养学生的自尊心、自信心，引导学生独立思考，为学生提供发挥创造性的舞台，促使每个学生在实践中施展自己的聪明才智，不断提高思想素质，培养各种能力。

11.4　深谙不同类型知识的学习策略，具有丰富、系统且有创造性的教学策略，在教学设计中运用智慧优化教学过程。

【操作要点】

根据不同类型知识的学习特点设计有效的学习活动，一方面应做到使活动的目标明确，重点突出，注重关键性问题的解决，如重要概念和规律的发现和理解，实验技能的练习等；另一方面要注重采用“任务驱动”“问题解决”的教学策略，活动的内容尽量使新知识、新方法与学生头脑中已有的知识经验建立实质性的联系，能够激发学生的高水平认知。教学应努力为学生创设参与学习的活动过程，引导学生多观察思考、多动手实验操作、讨论发表自己的见解、练习等，促进学生发现问题，解决问题，全方位地参与学习过程。卓越教师使用的教学策略应更具有创造性，并以案例的形式将其固定下来，构成教学知识的一部分。

11.5 灵活应用多种评价方式提升学生的学习效果。

【操作要点】

评价是教学的重要组成部分，评价的目的是为更好地促进学生的发展。根据具体的教学内容和教学对象灵活应用评价方式提升学生的学习效果是这个阶段教师的显著特点，并且在选择或是制定评价标准时，应针对评价的不同目的和要求制定不同的标准。

标　准	结果指标
12. 实施有效的教学活动	12.1 课堂教学富有激情，语言表达富有感染力，具有自己的教学特色。 12.2 具有果断的教学决策能力，能根据学生学习情况灵活调整教学的内容、顺序和方法。 12.3 高度关注学生的学习表现，敏锐捕捉教学中关键问题，灵活处理生成性问题。 12.4 关注学生个体差异，善于因材施教，进行分层指导。

12.1 课堂教学富有激情，语言表达富有感染力，具有自己的教学特色。

【操作要点】

卓越教师的语言表达，极富感染力，他们讲课激情饱满，仿佛演讲。幽默，是语言表达的高级境界，是性格修炼与言语智慧的结晶，卓越教师的课堂上，能够时常闪现幽默的火花，让学生在开怀大笑中受到启迪。

12.2 具有果断的教学决策能力，能根据学生学习情况灵活调整教学的内容、顺序和方法。

【操作要点】

丰富的经验和知识是教师获得教学决策信心、控制教学决策过程、确保教学决策成功的基础。因此，教师必须加强知识和经验的学习与积累，并自觉地在教学决策实践中磨炼决策能力。

12.3　高度关注学生的学习表现，敏锐捕捉教学中关键问题，灵活处理生成性问题。

【操作要点】

卓越教师对学生的洞察更加敏锐，对学生的反应更加机智，观察学生的表现、倾听学生的发言，及时进行反馈评价。他们能够敏锐地捕捉课堂教学中的关键问题并妥善处理生成性问题，使之成为学生学习和发展的契机。

12.4　关注学生个体差异，善于因材施教，进行分层指导。

【操作要点】

学生的个体差异有两种情况，一是学习能力和水平的高低差异；二是不同个性和认知风格的差异。卓越教师比一般教师更能关注到学生的个体差异，他们在教学中，能够尊重和鼓励必要的差异，同时又能长善救失。关注差异、因材施教，是“以学生为本”的教育理念的高级形态的表现，也是教育教学的最高境界。具体的操作要点是：

(1)在班级授课制条件下，尽量关注每一个学生，不满足于少数积极学生烘托的课堂气氛，对沉默和边缘的学生予以特别关注。

(2)利用提问、目光交流、走动接近、个别指点等形式，对沉默和边缘的学生提供感情和智力的支持，特别是对学困生给予关怀和帮助。

(3)尊重和鼓励必要的差异，主动为学生提供展示差异的机会和安全的心理环境。

(4)了解学生的不同个性、不同的学习风格和学习态度，适当给予他们不同的学习任务和要求，布置作业有一定的弹性和选择性，让各个层次的学生都有发展的机会。

(5)针对学生的个体差异，运用面谈、笔谈等形式，进行有效的个别化指导。

(6)采取适当策略利用学生差异，并将其转化教学资源。

标 准	结果指标
13. 培养良好的学习习惯与指导学生学会学习	13.1 系统掌握理科学习的多种策略，能够结合教学和学生特点有计划地培养学生形成良好的学习习惯。 13.2 深谙理科学习的特点，注意培养学生的问题意识、创新思维能力和实践能力。

13.1 系统掌握理科学习的多种策略，能够结合教学和学生特点有计划地培养学生形成良好的学习习惯。

【操作要点】

走向卓越的教师，能够更加系统地掌握多种学习策略，能够有计划、有步骤地进行策略性知识的教学，培养学生的良好学习习惯。

13.2 深谙理科学习的特点，注意培养学生的问题意识、创新思维能力和实践能力。

【操作要点】

注重学习方式的指导是优秀教师的重要标志。“授人以鱼，不如授人以渔”的古训意味着，当学生掌握一定的学习方法与思维方法，才能真正的学会学习，才能真正具有独立解决问题的能力。走向卓越的理科教师应该把培养学生的创新精神和实践能力放在非常重要的位置之上，着眼于学生的长期发展，而不再是强调学生机械的记忆和占有知识。这个阶段的教师应该能够利用一切教学途径和手段，结合理科学习的特点，有目的、有计划的培养学生的创新精神和实践能力。

标 准	结果指标
14. 开展多元的学习评价	14.1 在评价主体、内容、方式和结果上体现多元的思想，善于通过评价促进学生的发展。 14.2 积极研究新课程理念下的期中、期末、中考、高考等各种考试的命题和分析，具有丰富、有效的考试指导策略。 14.3 熟悉国外有关学生测试的命题与分析，并将其灵活地运用于自己的教学中。

14.1　在评价主体、内容、方式和结果上体现多元的思想，善于通过评价促进学生的发展。

【操作要点】

学生的学习能力是有差异的，每个学生都有自己的思维方式和学习风格，因此，对学生的学习评价应该是多方面的，不仅要评价主体多元化、评价内容多维化、评价方式多样化，而且还要关注学习过程和学习结果，以评促学，促进学生的全面发展。

14.2　积极研究新课程理念下的期中、期末、中考、高考等各种考试的命题和分析，具有丰富、有效的考试指导策略。

【操作要点】

就目前而言，考试仍然是一种公平、有效地评价和选拔学生的途径，受到师生乃至整个社会的广泛关注。积极研究新课程理念下各种考试的命题规则和评价标准，不仅有利于指导学生更好地发展，而且还有利于提高教师的教学能力和评价能力。走向卓越的教师有着丰富的考试指导经验，应把这些好的经验和方法积累起来，惠及其他师生。

卓越教师，作为省市级骨干和学科带头人，通常要参与地区大规模集中考试的命题、阅卷和评析工作，因此，需要掌握更为丰富和系统的教育测量学的知识和技术，能够撰写试卷评估报告。

14.3　熟悉国外有关学生测试的命题与分析，并将其灵活地运用于自己的教学中。

【举例说明】

PISA

PISA——国际学生评价项目，由联合国经济合作与发展组织负责组织实施的国际评价比较测试，主要目的是各国协作监控教育成果，测试主要工业化国家15岁的学生在阅读、数学和科学等方面应用其知识、技能和解决问题的能力。

PISA科学素养测评的设计很有特色，主要从科学概念、科学方法和科学情景三个方面进行评估，测评内容贴近生活，测评内容背景宽广，测评问题情境化，测评项目包容性强等，非常值得教师借鉴和使用。

（案例来源：由北京教育学院王钦忠提供）

标 准	结果指标
15. 促进有效的课堂管理	15.1 善于运用科学而灵活的方法组织课堂教学，能够根据不同的课堂类型组织学生独立思考与自我学习等。

15.1 善于运用科学而灵活的方法组织课堂教学，能够根据不同的课堂类型组织学生独立思考与自我学习等。

【操作要点】

无论采取什么样的方法，针对什么样的课堂类型，走向卓越教师的课堂管理应该能够实现以下三个目标：增加学生的学业学习时间，增加学生参与学习活动的机会和帮助学生形成自我管理能力。

标 准	结果指标
16. 渗透思想品德教育与生活技能教育	16.1 能够基于学科特点、内容和学生实际，主动采取恰当、多样、有效的方式渗透思想品德教育和生活技能教育。

16.1 能够基于学科特点、内容和学生实际，主动采取恰当、多样、有效的方式渗透思想品德教育和生活技能教育。

【操作要点】

对学生进行思想品德教育和生活技能教育是促进他们身心健康发展的重要途径，学校和教师都要重视，特别是有影响力的、值得学生信赖的教师更应如此。根据学生的特点、结合学科教学灵活地进行渗透，改善他们的思想面貌和价值观，使他们善于与人沟通，能建立良好的人际关系；使他们在遇到困难和挫折时，能以积极的心态面对；使他们有创新的意识，重视团队精神；使他们能适应复杂的社会生活，在激烈的竞争中立于不败之地。

标 准	结果指标
17. 实施积极的安全教育与健康教育	17.1 对学生的人身安全有高度的责任感，能积极开展以预防为主的安全教育、健康教育，为有需要的学生提供支持和帮助。

17.1 对学生的人身安全有高度的责任感，能积极开展以预防为主的安全教育、健康教育，为有需要的学生提供支持和帮助。

【操作要点】

安全教育、健康教育，预防为主。学校和教师有义务向学生宣传安全和健康教育知识，举办各种活动帮助学生树立安全意识和良好的卫生习惯。各科教师也可以在学科教学中紧密结合相关内容引导学生强化对安全和健康的认识。教师自身也要掌握一点急救措施，比如实验药品泼溅、泄漏或者爆炸等，当学生遇到危险时应该沉着冷静，或积极进行救助，或进行求援，或及时进行疏导，最大限度的化解危机，保证学生的人身安全。

领域四　教育教学研究与专业发展

标　准	结果指标
18. 教育教学反思与行动研究	18.1　研究并积累各种类型的课例，在不断的反思中探索教育教学规律，形成独特的思想或教学风格。 18.2　深入研究学科教学中的某一领域，形成自己的教学特长。 18.3　能够独立或者带领其他教师开展课题研究活动。 18.4　能够在学术刊物上发表研究论文，使自己的研究成果具有更广泛的辐射作用。

18.1 研究并积累各种类型的课例，在不断的反思中探索教育教学规律，形成独特的思想或教学风格。

【操作要点】

教师可以参照以下几点：

(1)通过查阅资料、参观学习、请专家讲学等形式，探讨关于课例研究的理论和方法，为课例研究和创新打好理论和方法基础。

(2)通过学习理论、深入教学实践，发现教育实践中存在的问题，通过对问题的分析，提出要研究的课例。

(3)以解决当前的课堂教学问题为价值取向确定课例研究主题；围绕研究主题选课，开展各种课例研究，例如，问题式课例研究、主题式课例研究、混合式课例研究和意外式课例研究等，积累不同类型课例。

(4)设计新型课例研究。明确主题，提出创新的目标、方案、计划，明确研究或创新的内容、方法、手段，以“原生态课”真实过程为案例，探索教学规律，创新教学策略。

(5)对实践过程进行理论总结，探索教育教学规律，提炼教育教学思想。

18.2　深入研究学科教学中的某一领域，形成自己的教学特长。

【操作要点】

“金无足赤，人无完人”，任何一个教师都不可能在所有教学领域全面发展，这也是“以人为本”在教师发展中的体现。教师可以根据自己的兴趣、爱好和优势着重于在某一领域进行深入研究，逐步形成自己的教学特长。

18.3　能够独立或者带领其他教师开展课题研究活动。

【操作要点】

高水平的教育科研能力不仅体现在对科研方法的熟练掌握上，而且还体现在承担和开展课题研究上，对于这个发展阶段的教师来说，不仅要能够独立开展课题研究，更重要的是要带领其他教师合作开展课题研究，发挥优秀教师的引领示范作用。开展课题研究是教育科研的正规的、高级的形式，一般来说，确立研究课题和实施课题研究主要有以下几个环节：

(1)梳理问题，聚焦问题。教师可以从自己的教育教学实践或者文献信息中找到可供研究的问题，这些问题可以是教师教学过程中存在已久的困难与缺点，可以是课改中教师所面临的比较突出的问题，可以是教师教学中的隐性问题(他人、资料)，还可以是教师已有的成功经验。然后再从问题的可行性、真实性、明确性和实用性等角度聚焦问题，使之成为能够研究的问题。

(2)把问题转化成课题。对选定的问题需要进行必要的主题提炼，加工成有意义的、表述准确的、切实可行的研究课题。

(3)制定课题研究方案，要对课题名称、研究背景分析、研究的目的和意义、研究内容和范围、研究方法、研究计划、预期成果等内容进行说明。

(4)根据预定方案实施课题研究。

(5)分析和整理研究资料，从中提炼出有价值的信息。

(6)撰写课题研究报告，对研究成果进行归纳和总结。

18.4　能够在学术刊物上发表研究论文，使自己的研究成果具有更广泛的辐射作用。

【操作要点】

具体表现在以下几个方面：

(1)能够在教育教学实践中发现有研究价值的问题，或者帮助别人发现教学中存在的问题，并对其进行深入的研究，发表自己的见解。

(2)能够针对当前的热点问题提出自己的看法，或者分享自己的成功经验。

(3)善于提炼、总结自己的教学经验，形成自己的教学特色，并把它理论化或者模式化，供他人学习和借鉴。

(4)开展课题研究，撰写和发表研究成果。

标　准	结果指标
19. 团结协作与经验分享	19.1　乐意与他人合作，并能够在团队专业研修活动中发挥引领作用。 19.2　积极参与专业学会的研讨会议，并愿意与他人分享教学经验或研究成果。

19.1　乐意与他人合作，并能够在团队专业研修活动中发挥引领作用。

【操作要点】

这个发展阶段的教师在团队中的示范和引领作用至关重要。团队涉及不同层次，比如教师所在的备课组、教研组或者名师工作室等；专业研修活动包括同年级的集体备课活动、教研组的课题研究、教师个人及其团队参与的区(县)、省市及国家级课题研讨活动等。无论在哪一个层次活动中，优秀教师要凭借自己的特长和优势积极发挥引领作用，帮助其他教师尽快成长。

19.2　积极参与专业学会的研讨会议，并愿意与他人分享教学经验或研究成果。

【操作要点】

这个阶段的教师要秉承开放的态度，积极参加任教学科专业学会、中国教育学会等学术团队的研讨活动，愿意在这样的场合发表论文，阐述自己的观点，或者参与具体的研讨。同时，能将参与这种研讨活动的收获与自己所在团队的成员们分享，为团队中的青年教师搭建发展的平台。

标　准	结 果 指 标
20. 终身学习与持续发展	20.1　能够恪守职业生涯发展规划，强化专业发展的自主性，不断促进教书育人事业的向前发展。 20.2　根据需要不断学习，建构开放的、动态发展的知识结构。

20.1　能够恪守职业生涯发展规划，强化专业发展的自主性，不断促进教书育人事业的向前发展。

【操作要点】

从成熟到卓越，自主提高专业发展能力极其关键。自主，首先意味着教师要为自己量身制定职业生涯规划。在积累了大量实践经验后，要能够根据自我发展条件和社会发展需要确定自己研究的主攻方向，然后围绕着这个主攻方向开展学习和研究，从而促使自己成为卓越的教师。

20.2　根据需要不断学习，建构开放的、动态发展的知识结构。

【操作要点】

这个阶段的教师应该根据需要不断学习，建构开放的、动态发展的知识结构。开放性知识结构是指掌握具有自我更新价值的、能够为进一步学习铺设道路的、在学科发展中具有认识飞跃地位的那些主干知识和自学方法。能够自己利用各种信息、资料学习与补充新知识，并能够把吸收的新知识纳入原有的知识结构，以改善原结构，增加其吸收新知识的能力。动态发展的知识结构是指具有准确察觉与判断教育功能对教师知识结构变化的新要求的能力，能够主动、恰当、及时地提出知识结构调整的方向和限度。

参考文献

[1]陈琦，刘儒德. 当代教育心理学. 北京：北京师范大学出版社，2007
[2]何克抗. 新世纪高等学校教材·教学系统设计. 北京：北京师范大学出版社，2002
[3]何克抗，李文光. 教育技术学(第2版). 北京：北京师范大学出版社，2011
[4]李家清主编. 新理念地理教学论. 北京：北京大学出版社，2009
[5]李晶. 科学教师培训系列课程. 北京：北京科技大学出版社，2006
[6]刘恩山. 中学生物教学论(第2版). 北京：高等教育出版社，2009
[7]刘旭东，张宁娟，马丽. 校本课程与课程资源开发. 北京：中国人事出版社，2003
[8]牟其善. 人类探索自然的方法. 北京：首都师范大学出版社，2006
[9]裴新宁. 化学课程与教学论. 杭州：浙江教育出版社，2003
[10]彭蜀晋，林长春. 科学课程与教学论. 北京：高等教育出版社，2005
[11]皮连生，刘杰. 现代教学设计. 北京：首都师范大学出版社，2010
[12]施方良，崔允漷. 教学理论：课堂教学的原理策略与研究. 华东师范大学出版社，1999
[13]孙枝莲. 中学物理教学论. 北京：北京师范大学出版社，2010
[14]王道俊，郭文安. 教育学. 北京：人民教育出版社，2009
[15]王后雄. 新理念化学教学论. 北京：北京大学出版社，2009
[16]燕国才. 非智力因素与学习. 上海：上海教育出版社，2006
[17]殷海华，杨丽华，欧阳芬. 有效教学的基本功3：新课程下中小学教师课堂提问技能指导. 北京：世界图书出版公司，2008
[18]张大均，郭成. 教学心理学纲要. 北京：人民教育出版社，2006
[19]张华. 当代教师进修丛书·课程与教学论. 上海：上海教育出版

社，2000
[20]赵新法．现代教师素养导论．天津：天津教育出版社，2011
[21]周凯．学校生活技能教育．北京：科学普及出版社，2001
[22]钟启泉．高等师范院校专业基础课教材·课程论．北京：教育科学出版社，2007
[23]中华人民共和国教育部．全日制义务教育地理课程标准(实验稿)．北京：北京师范大学，2005
[24]中华人民共和国教育部．全日制义务教育化学课程标准(实验稿)．北京：北京师范大学，2001
[25]中华人民共和国教育部．全日制义务教育科学(3～6年级)课程标准(实验稿)．北京：北京师范大学，2007
[26]中华人民共和国教育部．全日制义务教育物理课程标准(实验稿)．北京：北京师范大学，2001
[27]中华人民共和国教育部．全日制义务教育生物课程标准(实验稿)．北京：北京师范大学，2007
[28]中华人民共和国教育部．义务教育地理课程标准(2011年版)．北京：北京师范大学，2012
[29]中华人民共和国教育部．义务教育化学课程标准(2011年版)．北京：北京师范大学，2012
[30]中华人民共和国教育部．义务教育物理课程标准(2011年版)．北京：北京师范大学，2012
[31]中华人民共和国教育部．义务教育生物课程标准(2011年版)．北京：北京师范大学，2012
[32]中华人民共和国教育法，中华人民共和国义务教育法，中华人民共和国教师法(最新修订)．北京：中国法制出版社，2010

后 记

经过三年多的研究，《中小学教师专业发展标准及指导　理科》终于完成了。在此过程中，北京教育学院的领导和教师们付出了巨大的努力，经过若干次的调研、写作、研讨、修正、统稿、审读、论证，逐渐形成了现在的标准框架，应该说这凝结了北京教育学院多年来的教师培训经验，集中体现了教师们的集体智慧。其中，北京教育学院的钟祖荣、李晶、王远美、陈晓波、方美玲、白桂香、方金秋、齐宪代和北京教育学院通州分院的李万峰等组成的研究小组开发出来了总标准框架，北京教育学院的车华玲、刘月艳、吕俐敏、赵力、高宝华、张翔兰、宋艳、王淑华、李雯、杨秀治、曹新美、冯启磊等参加了讨论，并提出了意见和建议。

理科分册是在总标准框架的基础上进行编著的，主要是针对物理、化学、生物、地理(自然科学)和小学科学等中小学教师制定的教师专业发展标准及指导意见，它既保留了与其他领域标准的一致性也集中体现出了理科领域的基本特色。《中小学教师专业发展标准及指导　理科》前言部分由钟祖荣、李晶撰稿。指导要点中的第一部分由北京教育学院的张红、杨秀治、迟希新、肖北方、伍芳辉共同编写；第二部分、第三部分由教师教育数理学院的王钦忠、何彩霞共同编写，李春艳、胡玉华、王晨光、丁友福、何妮妮、张素娟、张芳、曾早早、张莉娜、冯爽、靳飞、公维余、杨青青等老师提供了部分学科案例；第四部分由李晶、陈晓波、王钦忠共同编写，李晶、白桂香、何彩霞三位专家在整个编写过程中给予了深入的指导。本分册最后由王钦忠和何彩霞统稿、定稿。

在理科分册编著过程中，北京师范大学化学学院刘克文副教授、北京教育学院石景山分院王能智特级教师和北京基教研中心教研员李伏刚老师提出了宝贵的意见和建议，在此表示感谢！

由于时间仓促，编著者水平有限，书中难免会存在一些问题，欢迎广大专家和老师提出宝贵意见！

王钦忠　何彩霞

2012年3月12日